HISTOIRE DES PROVINCES

Bernard Merdrignac

La Bretagne

des origines à nos jours

Editions OUEST-FRANCE

L'Armorique avant les Bretons

Le Paléolithique armoricain

Les plus anciens témoignages de présence humaine sur le territoire de la Bretagne actuelle remontent à plus d'un demi-million d'années. A Saint-Malo-de-Phily (Ille-et-Vilaine ; vers - 600 000 ans), sur les terrasses de la Vilaine, l'*homo erectus* façonnait déjà des outils grossiers (« *choppers* ») à partir de pierres (quartzite, surtout) sommairement retouchées. Durant les centaines de millénaires couverts par le Paléolithique (« l'âge de la pierre taillée » des premiers préhistoriens), la forêt, tantôt boréale tantôt tempérée, a alterné avec la steppe plus ou moins boisée, voire avec le désert froid, selon les fluctuations du climat. Entre périodes glaciaires et phases de réchauffement climatique, les températures moyennes du globe ont pu osciller de 4 °C en dessous de la température actuelle à 2 °C au-dessus. En conséquence, le niveau de la mer a aussi considérablement varié.

Bien entendu, à l'échelle de la vie humaine, ces oscillations n'étaient pas perceptibles pour les petits groupes de cueilleurs-chasseurs qui fréquentaient la région. Ils s'établissaient de préférence sur les points de vue surplombant les cours d'eau ou près des côtes méridionales. Le matériel (« *choppers* » et « *chopping-tools* » ; rares « bifaces » ; outillage léger sur éclats) livré par l'habitat de Saint-Colomban (Carnac - Morbihan) a attaché le qualificatif de « colombanien » à un groupe régional atlantique qui s'étend du Finistère jusqu'à Noirmoutier. C'est à cette civilisation du Paléolithique inférieur qu'appartient le site du Menez Dregan (Plouhinec - Finistère – il y a 500-300 000 ans), contemporain de Tautavel (Pyrénées-Orientales) ou de Terra-Amata (Alpes-Maritimes). Dans des conditions climatiques se détériorant au fil du temps (périodes de fin interglaciaire – début glaciaire), mais dans un environnement encore océanique, les anté-néandertaliens vivaient dans un paysage steppique fréquenté par de grands herbivores (équidés ; éléphants). A l'entrée d'une grotte marine effondrée, ils s'étaient installés sur un cordon littoral où ils s'approvisionnaient en galets (silex et autres roches), matériaux à partir desquels ils taillaient quantité d'outils. Outre des milliers d'éclats bruts ou retouchés, à côté d'outils lourds façonnés sur galets servant à dépecer et briser les os, on a mis au jour les vestiges de feux domestiqués parmi les plus anciens au monde (vers 465 000 ans pour le plus vieux). Des analyses de paléo-parasitologie ont permis d'établir que les hyènes venaient charogner sur le site (découverte d'un kyste fossilisé). Simultanément, le Paléolithique inférieur a livré des bifaces caractéristiques de l'industrie acheuléenne. Il s'agit souvent ici de trouvailles isolées comme, par exemple, le biface (350 000 ans) mis au jour dans la falaise de l'anse du Pissot entre Pléneuf et Dahouët (Côtes-d'Armor). Plutôt que le silex, rare en Bretagne, ce sont le grès, le quartz ou le quartzite qui constituent la matière première de ces outils. Le site de La Ville-Mein à Planguenoual (Côtes-d'Armor) qui, selon J.-L. Monnier,

Page de gauche :
Le tumulus monumental d'Er Grah (Locmariaquer, Morbihan) remonte au Néolithique moyen (environ – 4400 ans).
Photo Yvon Boëlle.

serait le seul « gisement acheuléen » à proprement parler, a livré de nombreux bifaces taillés dans des blocs de grès lustré.

Le Paléolithique moyen a duré plus de 250 000 ans en Bretagne. Il est surtout répandu le long de la côte septentrionale et se manifeste notamment par la production d'outils plus performants et plus standardisés de type moustérien (du site du Moustier - Dordogne). Ces industries sont ici le fait de l'homme de Neandertal dont on a découvert quelques ossements à Jersey (Cotte-Saint-Brelade). Le gisement de Grainfollet à Saint-Suliac (Ille-et-Vilaine) date de l'avant-dernière glaciation (200 000-125 000 ans) ; c'est un abri en pied de falaise marine typique de la côte nord-armoricaine. L'exposition plein sud de la falaise lui permettait d'accumuler la chaleur de la journée qu'elle restituait la nuit. Autour des restes d'un foyer, on a mis au jour un mobilier moustérien dans l'ensemble (silex surtout ; quartz et grès accessoirement), accompagné de quelques bifaces de type acheuléen. A proximité d'un autre foyer, une zone était peut-être réservée au dépeçage des animaux. Parmi les autres sites longtemps occupés durant cette période, le promontoire du mont Dol (110 000 ans) permettait aux chasseurs néandertaliens de surveiller les passages du gibier sur les zones basses de l'actuel marais. Il a livré de nombreux restes animaux et des restes de foyers (la nourriture des Néandertaliens était essentiellement carnée).

Ci-contre en haut :
Biface acheuléen du paléolithique inférieur (Theven-Camporou en Ploudalmézeau, Finistère).
Photo INRAP/Hervé Paitier.

Ci-contre en bas :
Foyer du Menez-Drégan (– 465 000 ans) en Plouhinec (Finistère).
Photo Jean-Laurent Monnier.

Le mont Dol

Le mont Dol est un grand rocher granitique qui domine le marais de Dol. En 1872, le bruit courut que des ossements de baleine avaient été retrouvés dans une carrière ouverte au pied du mont. Informé de la découverte, S. Sirodot, doyen de la faculté des sciences de Rennes, entreprit aussitôt des fouilles qui mirent au jour les restes d'une cinquantaine de mammouths, de quarante chevaux, d'une douzaine de rhinocéros laineux, des rennes, des loups, des bisons, un lion des cavernes, etc. Cet échantillonnage correspond à un climat froid et humide et à une végétation dominée par la steppe herbeuse. La présence de nombreux silex taillés sur place et le fait que certains ossements avaient été intentionnellement brisés prouvaient que l'homme avait coexisté avec cette faune disparue. Cela n'allait pas de soi, à la fin du XIXe siècle, alors que Darwin venait de publier son ouvrage sur *L'Origine des espèces*. Le doyen S. Sirodot dut affronter de vives controverses de la part des « créationnistes », notamment de l'abbé Hamard qui défendait pour sa part la réalité historique de la légendaire forêt de Scissy !

Fragments de défenses et molaires de mammouth retrouvés au Mont-Dol (Ille-et-Vilaine). Photo Jean-Laurent Monnier.

Le gisement paléolithique se trouvait au pied du versant sud du Mont-Dol. Chevaux, cerfs, aurochs et loups y étaient dépecés.
Photo Yvon Boëlle.

Chevaux et mammouth représentés sur une paroi de la grotte « Mayenne-sciences » (Thorigné-en-Charnie, Mayenne) dans la vallée de l'Erve.
Photo INRAP/Hervé Paitier.

L'homme de Cro-Magnon est apparu voici 35 000 ans, au Paléolithique supérieur. A la différence de ses prédécesseurs dont le rayon d'action couvrait une dizaine de kilomètres, il était sans doute contraint de nomadiser par les conditions de vie peu favorables de la dernière période glaciaire. On peut supposer que les chasseurs qui ont représenté – il y a environ 25 000 ans – des animaux sur les parois des grottes de la vallée de l'Erve (Mayenne) se lançaient dans des expéditions saisonnières en direction du Nord et de l'Ouest. A partir de leurs camps de base situés sur les affluents de la Loire, ils devaient se déplacer à la suite de troupeaux de rennes. Ils faisaient halte sur des sites comme Plasenn-al-Lomm (Bréhat - Côtes-d'Armor).

Ci-contre :
Fouille du site de Plassen-al-Lomm (Bréhat, Côtes-d'Armor).
Le climat rigoureux de la période (entre – 25 000 et – 20 000 ans) ne se prêtait sans doute qu'à des campements saisonniers. La Manche était alors pratiquement à sec.
Photo Jean-Laurent Monnier.

Les progrès du Néolithique

Au cours du Mésolithique (il y a 7000-5000 ans), alors que le climat actuel se met progressivement en place, les habitants du littoral atlantique demandent à la mer une part de leur alimentation tandis que le cerf, le sanglier et le chevreuil figurent au tableau de chasse ; le chien est sans doute déjà domestiqué et le développement des forêts appelle la substitution de l'arc à la lance. Ces derniers chasseurs-collecteurs pratiquent l'inhumation et se font enterrer avec parures et offrandes. Dans les nécropoles de Téviec et Hœdic (Morbihan), certains défunts étaient entourés de ramures de cerf. Des datations obtenues récemment (*Accelerator Mass Spectroscopy*) à partir d'ossements exhumés autrefois sur ces sites morbihannais semblent confirmer que ces groupes de chasseurs-cueilleurs mésolithiques de Bretagne (Téviecien : Finistère et Morbihan) mais aussi des Pays de Loire (Retzien : Loire-Atlantique et Vendée) ont coexisté durant plusieurs siècles avec la progression de l'agriculture néolithique. Les analyses palynologiques de la tourbière de Kerpenhir à Locmariaquer (Morbihan) par Lionel Visset ont permis de dater des environs de 5000 avant J.-C. le développement de la culture des céréales (blé, orge). Les fragments de céramique apportent aussi des témoignages sur l'introduction dans la région de ce nouveau mode de production typique du Néolithique ancien.

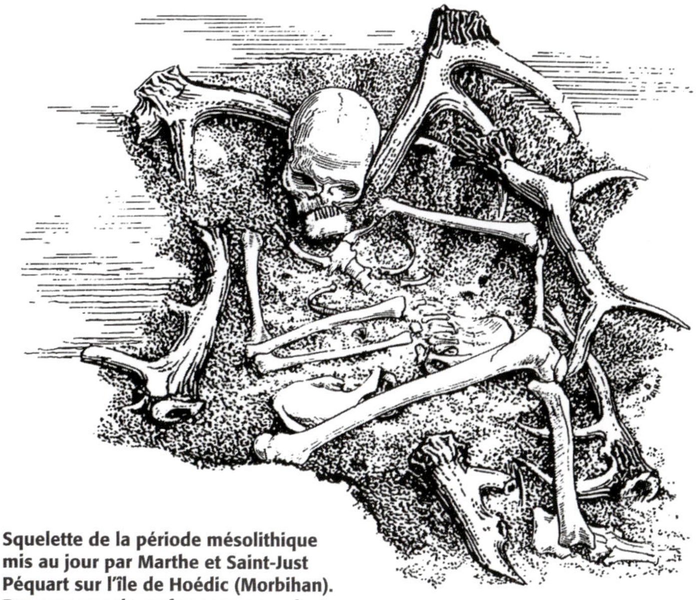

Squelette de la période mésolithique mis au jour par Marthe et Saint-Just Péquart sur l'île de Hoédic (Morbihan). Des ramures de cerfs accompagnaient le défunt. D'après M. et S.-J. Péquart.

Les nouveaux arrivants s'approprient et organisent l'espace en commençant à défricher les terrains de chasse des populations locales. D'une activité de subsistance, on passe au travail organisé, aux récoltes, à l'élevage des moutons, à la fabrication de poteries pour stocker les aliments. L'exploitation des sols a permis de nourrir une population

Poteries mises au jour sur le site d'habitat néolithique du Haut-Mée (Saint-Etienne-en-Coglès, Ille-et-Vilaine). Le décor de « boutons » et de « cordons » est caractéristique du courant « rubané » de Villeneuve-Saint-Germain. Photo INRAP/Hervé Paitier.

Lames de haches polies façonnées à Plussulien (Côtes-d'Armor).
Photo INRAP/Hervé Paitier.

Ci-dessus :
Pendentifs en callaïs (Carnac, Morbihan).
Collection du musée de Préhistoire de Carnac.

peut-être jusqu'à vingt fois supérieure à celle de la période précédente. Le progrès n'est pas linéaire : on discerne des phases de stabilisation dans l'avancée des techniques néolithiques aux dépens des modes de vie mésolithiques. La sédentarisation a pu entraîner conflits et épidémies. Les échanges impliqués par ces contacts ont sans doute favorisé l'émergence des hiérarchies sociales qui rendent compte de l'érection des mégalithes et des tumulus au début du Néolithique moyen.

Des groupes mobilisent leur énergie dans la construction de tombes monumentales. Visibles de loin, elles marquaient le territoire. Elles devaient se prêter à des rites qui mettaient les vivants en rapport avec les ancêtres. Certains des objets prestigieux (haches d'apparat ; colliers et bracelets) déposés dans ces monuments supposent des importations en provenance des Alpes ou d'Espagne. De son côté, la péninsule exportait de haches de pierre polie dans tout le nord-ouest de la France actuelle, jusqu'en Angleterre et dans la vallée du Rhône. Ainsi, la carrière de métadolérite de Sélédin (Plussulien - Côtes-d'Armor) a été exploitée pendant deux millénaires (4200-2200 avant J.-C.). Des millions de haches ont été distribués à partir ces ateliers, soit une moyenne d'un millier par an, en période de pleine activité ! Les haches d'apparat en hornblendite de Pleuven (Finistère) sont à peine moins répandues.

La Bretagne est un des hauts lieux de l'architecture mégalithique qui s'est épanouie sur toute la façade atlantique, du Portugal à l'Irlande, deux mille ans avant les pyramides d'Egypte. Dès 1959, pour la première fois au monde, grâce à la technique alors toute récente du carbone 14, Pierre-Roland Giot

La Bretagne des mégalithes. Cartographie AFDEC d'après P.-R. Giot, 1998.

a pu dater du Ve millénaire avant J.-C. les charbons de bois mis au jour sous le dolmen de l'île Carn (Ploudalmézeau - Finistère). Emblématiques du mégalithisme, les *menhirs* constituent aujourd'hui, malgré leur omniprésence en Europe, l'une des images de marque de la Bretagne. En dépit de nombreuses destructions au fil du temps, il en subsiste des milliers. Certains se dressent isolément ; d'autres sont regroupés en enceintes (Er Lanic dans le golfe du Morbihan, par exemple) ou en alignements (Carnac - Morbihan ; Pleslin-Trigavou - Côtes-d'Armor ; Saint-Just - Ille-et-Vilaine, etc.). Il ne s'agit là, en tout état de cause, que de l'ossature de

L'alignement de Kermario en Carnac s'allonge sur plus de 1 km et compte encore plus de mille menhirs sur dix files.
Photo Yvon Boëlle.

Le cairn du Petit-Mont (Arzon, Morbihan) recouvre plusieurs tombes juxtaposées en quatre phases durant le Néolithique moyen (du Ve au IVe millénaire).
Photo Sagemor.

monuments plus complexes. Quant aux *dolmens,* ce sont des sépultures dont l'architecture intérieure a évolué au cours de la période et varié selon leur localisation (dolmens à chambre et à couloirs, allées couvertes). Ces monuments étaient recouverts des tertres de terre ou des cairns de pierres sèches qui ont souvent disparu. Ils ont probablement d'abord été réservés à la sépulture des membres de familles dominantes de la société néolithique. Le cairn monumental de Barnenez (Finistère) a été l'objet de plusieurs campagnes de construction, espacées de plusieurs siècles, à l'instar des cathédrales du Moyen Age. C'est un énorme complexe à l'intérieur duquel un monument primaire regroupant

Fouillé et restauré à la fin des années 1960, le gigantesque cairn de Barnenez (– 5000 ans) qui domine l'embouchure de la rivière de Morlaix abrite onze tombes à couloirs.
Photo Yvon Boëlle.

Gravures ornant les piliers du couloir du dolmen de Gavrinis (Larmor-Baden, Morbihan) ; à gauche « panoplie » de lames de haches. La dalle de couverture de ce monument a été débitée dans le menhir dont un autre fragment a servi de toit à la Table des marchands de Locmariaquer (Morbihan).
Photo Sagemor.

cinq chambres funéraires a été raccordé à un bloc secondaire avec six autres tombes.

L'édification du cairn de Gavrinis (Morbihan - vers 3900-3700 avant J.-C.) que C.-T. Leroux qualifie de « chant du cygne des bâtisseurs de mégalithes du Néolithique moyen » a pu occuper durant trois ans une centaine de personnes à plein-temps. Ce chiffre suppose une population active de l'ordre de deux mille individus, soit une communauté d'environ cinq mille habitants. Les constructeurs de ce prestigieux édifice ont réutilisé comme dalle de

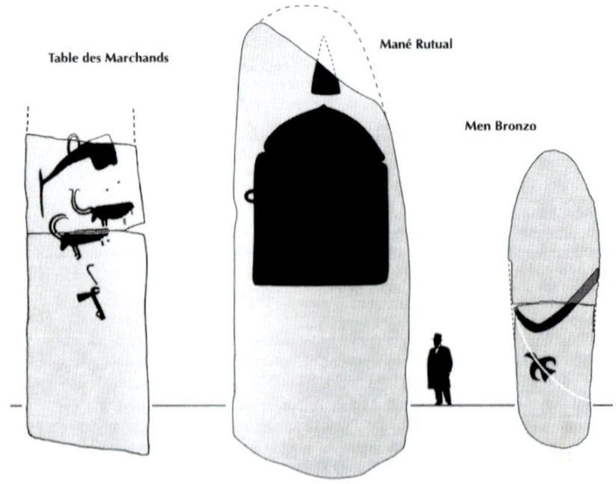

Ci-dessus à gauche :
Le grand menhir brisé (Men-er-Hroeg) de Locmariaquer (Morbihan).
Photo Yvon Boëlle.

Ci-dessus à droite :
Reconstitution des menhirs brisés de Locmariaquer par Serge Cassen.

couverture un morceau d'un menhir de Locmariaquer, à quelques kilomètres de là. Celui-ci avait été débité et un autre fragment a servi de plafond au dolmen de la Table des Marchands de Locmariaquer (Morbihan). Le cas n'est pas isolé. D'autres menhirs comme ceux des alignements de Belz (Morbihan) ont sans doute été intentionnellement abattus dès le IIIe millénaire avant J.-C. A la même époque, les allées couvertes sont désormais des sépultures collectives qui accueillent les restes de nombreux individus. Destructions et réemplois d'une part, bouleversement des pratiques funéraires d'autre part, supposent de profonds changements dans les croyances religieuses des populations néolithiques dont les gravures d'interprétation difficile qui ornent certains de ces mégalithes donnent peut-être une idée.

Le dolmen des Pierres-Plates à Locmariaquer (Morbihan) a été exploré dès 1813 par A. Maudet de Penhoët qui a publié l'année suivante le premier relevé d'art mégalithique de la région.
In *Recherches sur la Bretagne*, Maudet de Penhoët, 1814.
Collection C. Le Corre.

Poteries campaniformes : Men-ar-Romped (Kerbors, Côtes-d'Armor) ; un brassard en schiste a été trouvé dans l'un de ces pots.
Photo INRAP/Hervé Paitier.

Les petits princes de l'âge du bronze

Dès la fin du Néolithique, la céramique campaniforme qui prédomine alors dans toute l'Europe se diffuse en Armorique. Dans les sépultures, ces vases en forme de cloche renversée accompagnent des armes de cuivre (poignards, javelots) associés à des pointes de flèche en silex et à des brassards d'archer en schiste. A côté de ces objets qui doivent probablement s'interpréter comme des « cadeaux de prestige » entre chefs, la présence de haches en cuivre (importées d'Espagne ou imitées localement) témoigne de la transition entre le façonnage des minéraux et l'exploitation des minerais. Le travail de la pierre tire parti des ressources locales ; l'usage du métal induit l'essor du commerce : beaucoup des premiers métaux d'Armorique ont dû être importés.

Peu après 2000 avant J.-C. apparaît le bronze, alliage de cuivre et d'étain. Ce dernier se trouve surtout sur les côtes de Bretagne et de Cornwall. C'est ici que viennent s'approvisionner les civilisations méditerranéennes qui produisent le cuivre. L'île d'Ouessant tire parti de sa situation sur cette voie maritime. Des bijoux d'or, d'argent et

Ci-dessous à gauche :
Torque en or torsadé de l'âge du bronze moyen découvert à Quimper (Finistère).
Musée de Bretagne, Rennes, photo Alain Amet.

Musée de Jublains, photo du musée.
Ci-dessous à droite :
Bracelets en bronze du type « de Bignan » (Morbihan). Fabriqués dans la région de Vitré-La Guerche (Ille-et-Vilaine), ces trois exemplaires ont été mis au jour à Grazay (Mayenne).

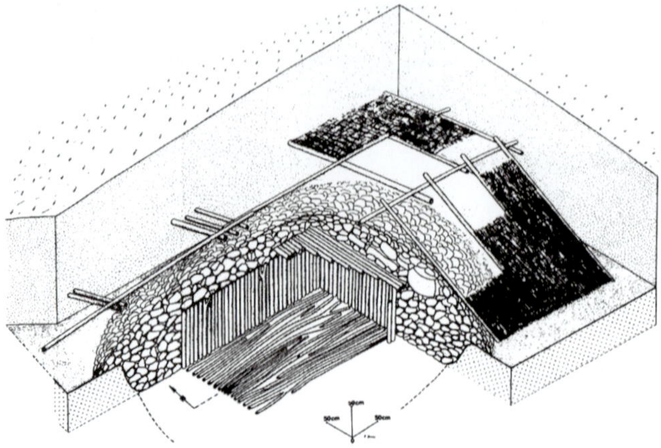

Ci-dessus :
Schéma de la maison mortuaire recouverte par le tumulus de Saint-Jude (Bourbriac, Côtes-d'Armor).
Relevé Yvan Onnée d'après P.-R. Giot.

En haut :
Tumulus de Tanouedou en Bourbriac Côtes-d'Armor).
Photo INRAP/Hervé Paitier.

de bronze, des perles de verre d'Italie ou d'Egypte y ont été mis au jour. L'énigmatique bernique en bronze récemment découverte ouvre peut-être des perspectives sur les cultes qui y étaient pratiqués pour favoriser la navigation. De part et d'autre de la Manche, à l'ouest de la Bretagne comme en Wessex, l'exploitation et le commerce de l'étain contribuent au développement de sociétés relativement prospères. Les « petits princes » qui contrôlent la circulation des métaux et des produits précieux affirment leur pouvoir grâce à leurs armes de bronze. Comme partout en Europe, ces guerriers montent des chevaux, plus petits que ceux d'aujourd'hui. Les chefs se font enterrer individuellement, aux limites de leurs territoires, sous d'énormes tumulus inaccessibles aux vivants (à la différence des sépultures de l'époque précédente). Leur répartition a permis de calculer que l'extension de telles chefferies était de l'ordre d'une vingtaine de milliers de kilomètres carrés et que celles-ci pouvaient englober moins d'une dizaine de communautés rurales. Certains tumulus, dépourvus d'armes, hébergeaient peut-être des femmes, des prêtres ou des notables. Celui de Saint-Jude (Bourbriac - Côtes-d'Armor) abritait une grande maison funéraire rectangulaire en bois, couverte de chaume et de fougères qui ouvre des perspectives sur l'habitat contemporain. Par ailleurs, de misérables tombes, dépourvues de mobilier, confirment la forte hiérarchisation sociale de cette époque. Dans chaque communauté, peu d'individus sont sans doute alors capables de maîtriser le feu et la fonte du minerai : le forgeron en tire son prestige. Les paysans pratiquent les défrichements par brûlis puis mettent les parcelles en pâture avant de les cultiver. Ils font cuire sur la braise des galettes de céréales dans des plats en terre cuite. On tisse le lin et la laine, on façonne le cuir pour confectionner des vêtements. Sur ceux des chefs, sont cousues des appliques en métal.

Au cours des derniers siècles du IIe millénaire, les sépultures se font moins voyantes : est-ce l'indice de sociétés redevenues plus égalitaires ? La banalisation des objets en bronze semble montrer que le pouvoir repose désormais moins sur la guerre et le pillage que sur les profits du commerce. Dans une économie qui demeure essentiellement agro-pastorale, métallurgistes et négociants mettent en place de nouveaux circuits commerciaux caractéristiques du « bronze atlantique ». Le dépôt de fondeur de Tréboul (Douarnenez - Finistère) inaugure la production en série de haches et d'épées exportées jusqu'aux Pays-Bas et dans les îles Britanniques. A la fin du bronze moyen (vers 1100 avant J.-C.), la région se spécialise dans la fabrication des haches à talon qui concurrencent les productions de la Normandie ou du Médoc et que l'on retrouve jusque dans les Alpes. Les mêmes ateliers réalisent également de lourds bracelets de bronze et des torques torsadés en or imités de modèles irlandais (type de Tara-Yeovil).

Alors que la pratique de l'incinération se répand au tournant du Ier millénaire, la civilisation dite des « champs d'urnes » (groupe Rhin-Suisse-France orientale : RSFO) ne s'impose pas dans la région où se pratiquent néanmoins des sépultures en urnes, entourées de fossés, caractéristiques de l'Europe du Nord-Ouest. Les innovations que connaît la métallurgie durant cette période du bronze final sont adaptées à la fabrication de nouveaux types d'épées : épées du groupe de Rosnoën ; épées « pistilliformes » du groupe de Saint-Brieuc-des-Iffs ; épées en « langue de carpe », principalement dans la vallée de la Loire. D'autre part, on commence (en Loire-Atlantique actuelle surtout) à produire du sel marin en chauffant la saumure dans des fosses chapeautées de pierres plates soutenues par des piliers dont la base se termine en trompette.

A partir du VIIe siècle avant J.-C., la civilisation de Hallstatt, fondée sur l'usage du fer et du cheval, progresse à partir de l'Europe centrale. Les échanges entre la Méditerranée et la mer du Nord passent désormais par les vallées du Rhône (Marseille), de la Seine (mont Lassois ; Vix) et du Rhin (Eberdingen ; Hochdorf). La Bretagne semble rester à l'écart de cette première expansion celtique. On continue à couler du bronze pour fabriquer des milliers de haches à douille. Le plomb qui rentre dans la composition de l'alliage (car l'étain commence à manquer) rend celles-ci fragiles. A leur manière, ces objets, technologiquement dépassés, témoignent sans doute de la situation périphérique de l'Armorique au premier âge du fer.

Epée pistiliforme de Quélennec en Cléguérec (Morbihan).
Photo INRAP/Hervé Paitier.

Pointe de lance en bronze coulé (Rennes, Ille-et-Vilaine).
Musée de Bretagne, Rennes, photo Gérard Prudor.

Ci-dessous à gauche : **Dépôt de haches à douille à forte teneur en plomb (Hénon, Côtes-d'Armor).**
Musée de Préhistoire de Carnac.

Ci-dessous à droite : **Hache à talon de type Tréboul (Finistère) mise au jour à Loigné (Mayenne).**
Dépôt du musée de Laval au musée de Jublains, photo du musée.

Evolution de la ferme gauloise du Boisanne à Plouer-sur-Rance (Côtes-d'Armor) depuis le VIe siècle av. J.-C. jusqu'au Ier siècle.
La ferme se développe au Ve siècle vers le sud. Aux IIIe-IIe siècles : extension et construction de nouveaux bâtiments. Au Ier siècle : constitution d'un paysage agricole de prairies et de parcelles clôturées par des haies.
Aquarelle Yves Menez, service régional d'archéologie de Bretagne, Rennes.

Les Celtes en Armorique

Du point de vue des auteurs grecs (puis latins) qui commencent à évoquer la péninsule dans leurs écrits à partir des environs de 500 avant J.-C., les habitants de celle-ci sont des « Celtes ». Ce n'est sans doute pas la conséquence d'importants mouvements de population depuis l'Europe centrale où la civilisation de la Tène a désormais supplanté celle de Hallstatt. Une poignée de nouveaux venus a pu imposer son pouvoir et sa langue aux populations indigènes. Plus probablement, des techniques, des croyances et des modes artistiques se sont diffusées de proche en proche. Les motifs incurvés qui ornent les bijoux laténiens sont ici sculptés sur les stèles funéraires (retaillées à l'occasion dans des menhirs antérieurs). Le fer ne manque pas en Bretagne ; il sert, entre autres, à fabriquer des socs d'araire, emblématiques de la conquête de terres cultivables dans toute la Gaule. La région est déjà largement défrichée. De petits hameaux regroupent quelques familles (Le Braden à Quimper - Finistère) ; d'un siècle à l'autre, des exploitations agricoles se développent (Le Boisanne à Plouër - Côtes-d'Armor). On cultive des céréales et sans doute déjà aussi du blé noir. Les réserves sont stockées dans des souterrains qui servent de silos à grain. Prés et prairies prédominent dans un paysage rural parsemé de nombreux enclos

Ci-contre :
Stèle gauloise christianisée, place de l'église à Loctudy (Finistère).
Photo Yvon Boëlle.

où est parqué le bétail. L'élevage fournit des produits laitiers et de la viande que l'on sale pour la conserver. En effet, sur toutes les côtes, le sel marin est désormais produit presque industriellement dans des fours à augets. Ceux-ci font aussi fonction d'emballage perdu pour exporter la production.

En cas de danger, des fortifications servent de refuges à la population. Sur les côtes, ce sont des « éperons barrés » (Castel Meur, cap Sizun - Finistère). Dans les terres, ce sont des retranchements comme le « camp d'Arthus » (une trentaine d'hectares ; Huelgoat - Finistère). Longtemps, on a affirmé que l'Armorique n'avait pas connu d'*oppida* (agglomérations fortifiées) analogues à ceux de la Gaule centrale. Pourtant, sur le site de Saint-Symphorien (Paule - Côtes-d'Armor) ont été mis au jour, en 2006, les vestiges d'une vaste enceinte (30 hectares au moins) qui abritait au cours du IIe siècle avant J.-C. de nombreux ateliers, entrepôts et habitats permanents. Il s'agit donc probablement d'un *oppidum*. Celui-ci était associé à une résidence aristocratique fortifiée qui a pris la suite d'une

Statue à la lyre, Paule (Côte-d'Armor).
Ce « buste sur socle » représente peut-être un barde portant un torque autour du cou et entre les mains un instrument intermédiaire entre la lyre et la cithare, confirmant le témoignage de Diodore de Sicile (Ier siècle av. J.-C.) selon qui les bardes gaulois accompagnent avec des instruments « semblables à des lyres leurs chants qui sont tantôt des hymnes, tantôt des satires ».
INRAP/Conseil général des Côtes-d'Armor.

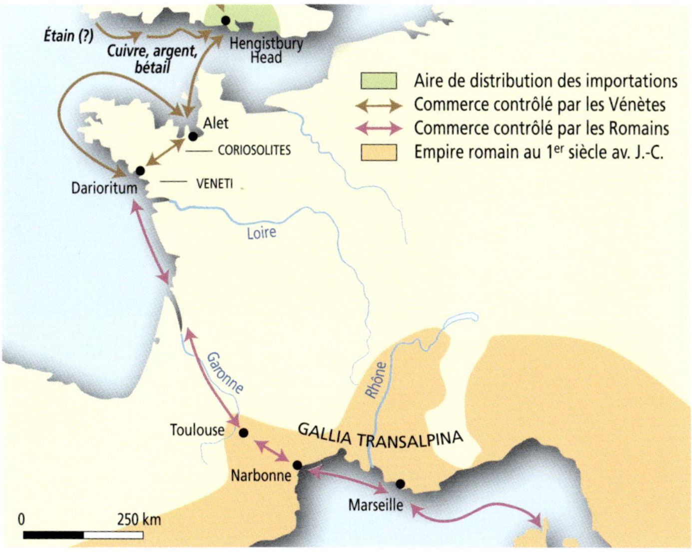

Carte de la route du vin vers la [Grande] Bretagne au Ier siècle av. J.-C.
Cartographie Patrick Mérienne, d'après J. Haywood, *Atlas historique des Celtes*, éd. Autrement, 2002.

Ci-dessus et ci-contre :
Trésor de Rosquelfen en Laniscat (Côtes-d'Armor) : cinq cent quarante-cinq pièces en électrum (alliage or-argent) frappées par les Osismes vers 75-50 av. J.-C.
Photo INRAP/Hervé Paitier.

ferme gauloise à partir du début du IIIe siècle avant J.-C. On y a découvert quatre statues qu'il est séduisant d'interpréter comme la représentation des ancêtres des aristocrates qui vivaient dans cette forteresse.

En outre, la présence de nombreux fragments d'amphores à vin atteste de la qualité de vie de ses occupants. On retrouve beaucoup de tessons analogues par ailleurs en Bretagne : ils constituent autant de témoignages de la vitalité des échanges avec l'Italie dès la Tène finale (IIe-Ier siècle avant J.-C.). Sans doute des négociants du sud de la Gaule servent-ils d'intermédiaires entre la Gaule transalpine et l'Armorique ? Les agglomérations qui se développent alors (Ouessant ; Alet = Saint-Servan ; Le Coz-Yaudet, près de Tréguier) profitent de la redistribution de ces produits vers la Grande-Bretagne. Ces échanges font la fortune des Vénètes qui occupent le sud-ouest de la péninsule. Ceux-ci, bientôt imités par leurs voisins, frappent monnaie à l'imitation des statères macédoniens. Mais les modèles sont réinterprétés dans les formes abstraites propres à l'art celtique, comme le montre le trésor monétaire osisme (Ier siècle avant J.-C.) mis au jour en 2007 à Laniscat (Côtes-d'Armor).

Les cités gallo-romaines et les voies romaines
Cartographie AFDEC d'après Louis Pape, 1995.

L'Armorique romaine

La *Guerre des Gaules* de Jules César apporte le premier témoignage de la dénomination d'« Armoricains » (en celtique : « devant la mer ») qui s'attachait aux peuples de l'ouest de la Gaule, depuis l'embouchure de la Garonne jusqu'à l'estuaire de la Seine. Dans la péninsule, les Vénètes qui détenaient le monopole du commerce avec la Grande-Bretagne devaient exercer un protectorat de fait sur leurs voisins : Osismes, à l'Ouest ; Coriosolites, au Nord ; Redons, à l'Est ; Namnètes au Sud-Est.

Lorsque César, en tant que gouverneur des Gaules cisalpine et transalpine (58 avant J.-C.), entreprend la conquête de la Gaule Chevelue, la romanisation de celle-ci est en cours depuis plus d'un siècle. La campagne de la VIIe légion de Publius Crassus en Armorique (57 avant J.-C.) n'a donc rien du « choc des civilisations » entre farouches Gaulois jaloux de leurs libertés et le rouleau compresseur de l'ordre romain ! Les Vénètes et leurs alliés se soumettent d'abord sans réticence et ne font pas de difficultés à livrer des otages. Mais, l'année suivante, les réquisitions de l'armée romaine sur les territoires des Vénètes et des Coriosolites (entre autres) amènent ceux-ci à se soulever. Sans doute les projets de César en direction de la Grande-Bretagne menaçaient-ils aussi les intérêts des négociants armoricains, soucieux de conserver leurs débouchés commerciaux.

C'est sur mer (probablement dans le golfe du Morbihan) qu'a lieu l'affrontement décisif à la fin de l'été 56 avant J.-C. Trahis par le vent qui leur fait défaut, les imposants voiliers gaulois sont coulés par les galères que César avait fait construire sur la Loire. Entre-temps, les trois légions de Quintus Titurius Sabinus, dépêchées contre les Coriosolites, écrasent l'armée des coalisés près d'Avranches (Le Petit-Celland). En dépit de ces graves revers, les Armoricains s'engagent encore dans les combats ultérieurs. Des contingents osismes, coriosolites et redons se portent au secours de Vercingétorix assiégé dans Alésia (52 avant J.-C.). C'est aussi dans « les régions les plus reculées de la Gaule » que se réfugie Dumnacos,

La *cella* (« sanctuaire central ») du temple du Haut-Béchérel en Corseul (Côtes-d'Armor) est le monument gallo-romain le plus imposant conservé en Bretagne.
Photo Emmanuel Berthier.

le chef des Andes (Anjou), à la suite de l'échec de sa rébellion (51 avant J.-C.).

L'interruption des échanges transmanche a dû plonger l'Armorique dans le marasme durant les décennies consécutives aux victoires de César. Il faut en effet attendre le règne d'Auguste (27 avant J.-C.-14 avant J.-C.) pour que la Gaule Chevelue soit vraiment intégrée à l'Empire romain. En 27 avant J.-C., elle est divisée en trois provinces : l'Aquitaine, au sud de la Loire ; la Belgique au nord de la Seine et de la Marne ; entre les deux, la Lyonnaise dont relève l'Armorique. Pour désenclaver ces territoires, un réseau de voies romaines est programmé dont la conception est confiée à Agrippa, le gendre de l'empereur. A partir de 12 avant J.-C., chaque année, le culte de Rome et d'Auguste réunit à Lyon les représentants des soixante cités gauloises, le 1er août (au début du mois dédié à Auguste qui coïncide avec l'anniversaire de la victoire de celui-ci sur Antoine et Cléopâtre, mais aussi avec la fête du dieu celtique Lug). En Armorique comme ailleurs, les cités reprennent

Etant donné la fréquence des sources et des puits dans la région, les 27 km de canalisations de l'aqueduc de Carhaix (Finistère) en font surtout un ouvrage de prestige (IIe-IVe siècle apr. J.-C.) marquant le statut de chef-lieu de cité de la ville.
Photo Mémoire du Kreiz Breizh – Carhaix.

peu ou prou leurs limites antérieures à la conquête, à l'exception de celle des Namnètes qui perd au profit des Pictons ses territoires du sud de la Loire (Rezé, notamment). Elles restent divisées en *pagi* qui revivent aujourd'hui avec l'émergence des « pays ».

La romanisation passe aussi par une politique d'urbanisation. Le site et la situation des chefs-lieux de cités paraissent avoir été délibérément retenus pour en faire des « vitrines » de la civilisation romaine. Chez les Osismes, la ville de Vorgium (Carhaix) est édifiée à une dizaine de kilomètres de l'enceinte de Paule qui paraît avoir été abandonnée vers la fin du Ier siècle avant J.-C. La substitution de Fanum Martis (Corseul) à Alet est peut-être une conséquence de la participation des Coriosolites aux ultimes sursauts de l'indépendance gauloise, en réaction aux mesures vexatoires (21 après J.-C.) prises par Tibère. Ces nouvelles agglomérations regroupent quelques milliers d'habitants : Condate (Rennes) chez les Redons ; Darioritum (Vannes) chez les Vénètes ; Condevicnum (Nantes) chez les Namnètes se développent dès le Ier siècle après J.-C. Ces cités sont dotées de tous les attributs de l'urbanité : plan orthogonal ; aqueduc (Carhaix) ; thermes (Rennes, Corseul) ; forum et basilique (Vannes) ; théâtres et temples. Le sanctuaire (*cella*) du Haut-Bécherel à Corseul dominait de ses 22,50 mètres de hauteur une vaste cour (*area sacra*) bordée de portiques. Ce temple attribué à Mars est caractéristique des *fana* romano-celtiques. Le polythéisme se distingue par sa relative tolérance qui permet l'*interpretatio romana* des divinités celtiques. Teutatès est assimilé à Mars ; Lug à Mercure et à Apollon. Ceux-ci portent des surnoms indigènes : *Mercurius Atepomarus* (« le grand cavalier »), *Mars Vicinnus* (« de la Vilaine »). Par contre, le culte, « exotique » ici, de Neptune Hippius attesté par une inscription (IIe siècle après J.-C. ?) et une statue découvertes à Douarnenez (Finistère) implique la présence d'une

Statue en marbre d'Hercule à Douarnenez (Finistère).
Musée de Bretagne, Rennes.

Ci-dessus à gauche :
Cuves à *garum* (condiment à base de poisson en saumure) du Resto (IIe-IIIe siècle) à Lanester (Morbihan).
Fouilles et photo : Patrick André.

Ci-dessus à droite :
Statuette de Vénus en terre cuite du IVe siècle (La Chapelle-des-Fougeretz, Ille-et-Vilaine), sortie de l'atelier de Rextugenos à Rennes (Ille-et-Vilaine).
Musée de Bretagne, Rennes.

communauté de négociants originaires de Narbonnaise ou d'Italie. Ceux-ci devaient contrôler l'industrie du *garum*, un condiment à base de poissons et de sel (analogue au nuocmâm asiatique), destiné sans doute à la consommation des troupes cantonnées sur le Rhin et en Grande-Bretagne.

L'insertion de l'île voisine à l'Empire romain (43 après J.-C.) a sûrement favorisé la relance des échanges maritimes. Toutefois, ce sont l'agriculture et l'élevage qui assurent essentiellement la prospérité de la péninsule durant les deux siècles et demi de *Pax romana* qu'elle traverse. Des *villae* (La Guyomerais en Châtillon-sur-Seiche - Ille-et-Vilaine) contribuent à la mise en valeur des campagnes, tandis que des *vici* (marchés ou centres artisanaux) sont dotés d'équipements collectifs à l'usage des ruraux qui les fréquentent : temples (Taden - Côtes-d'Armor) ; théâtres (Kérilien-en-Plounéventer - Finistère), etc. L'archéologie révèle une région peuplée et active, desservie par les voies maritimes sillonnant l'Atlantique et la Manche depuis des millénaires et parcourue par un réseau routier cohérent. Les céramiques d'Aquitaine et du Massif central atteignent les campagnes les plus reculées qui consomment aussi l'huile et le vin méditerranéens. Cela confirme l'intégration de l'Armorique aux grands courants d'échanges économiques de l'Empire.

Dans la seconde moitié du IIIe siècle, la conjoncture se renverse. Les incursions des pirates barbares le long des côtes de la Manche sont sans doute plutôt une conséquence que la cause principale du dépeuplement des campagnes et des troubles sociaux endémiques que révèlent l'enfouissement de trésors et l'abandon de nombreuses *villae* vers 270-280. L'administration impériale réagit à ces menaces en organisant le *Tractus armoricanus et nervicanus*. Ce système défensif vient à l'appui des bases navales du *Litus saxonicus* qui verrouille le pas de Calais. Les promontoires côtiers de l'âge du fer retrouvent leur intérêt stratégique : Brest, Le Coz-Yaudet (en Ploulec'h - Côtes-d'Armor), Alet sont à nouveau fortifiés. Nantes et Vannes sont entourées d'une enceinte de même que Rennes (bien que cette dernière cité ne fasse évidemment pas partie du dispositif de protection du littoral). L'Armorique, jusqu'alors démunie de présence militaire, accueille désormais plusieurs régiments en permanence. Au total, les effectifs devaient atteindre quatre mille hommes. On peut supposer que ces troupes comptaient déjà des éléments en provenance de Bretagne insulaire.

A l'embouchure de l'estuaire du Douron, les thermes du Hogolo (Plestin-les-Grèves, Côtes-d'Armor) ont été transformés en maison d'habitation à la fin du IIe siècle, avant d'être abandonnés à la fin du IIIe siècle ou au début du IVe. Photo Patrice Charruaud.

Ci-dessous à gauche : **Détail de l'enceinte gallo-romaine de Rennes (Ille-et-Vilaine).** Musée de Bretagne, Rennes.
Ci-dessous à droite : **Vue aérienne du site d'Alet (Saint-Servan) : éperon barré de la période gauloise réaménagé durant l'Antiquité tardive.** Photo Loïc Langouët, Ce.R.A.A.

Apres ce que bretons et
angloys eurent enten
du ces parolles que
Beaumenoir et Brem
bro leurs capitainnes leur eurent
recordees ilz furent de chascunne par
tellement indignez les ungs a lencon
tre des autres que pour combatre
se commencerent a approcher et ta
tost ioingnirent ensemble. Et en
fut le premier estrif fort et dur et p
les bretons cuisant et greveux. Car
de premiere venue ilz furent oppress
par les angloys qui a force prindre
et navrerent tres griefment
Tristan de pestivien messire karo
de bodegat et messire Jehan rouxele
lesquelx par les durs coups de leur
mailletz pesans ilz atterrerent.
Quant le sire de beaumenoir veit
ainsi ses gens malmenez par les
angloys. et quil en apperceut cinq
ruez. les ungs mors les autres na
vrez tellement que ressourdre ne se pou
oient il fut tresdoloreux en son cou
raige. toutesfoiz pour crainte de
espouenter les autres nen monstra
il semblant andehors ains com

La Bretagne au Moyen Age

Ce n'est qu'à partir de la fin du VIe siècle que l'on peut vraiment commencer à parler de Bretagne pour désigner la péninsule armoricaine sans risquer de se faire taxer d'anachronisme. Pourtant, comme le rappelle J.-C. Cassard, « il y a toujours eu des Bretons des deux côtés de la Manche ». Quand des auteurs comme l'historien des Francs Grégoire de Tours (594) mentionnent la *Britannia,* il n'est pas facile, dans certains cas, de distinguer s'il s'agit de la « Grande » ou de la « Petite » Bretagne. En effet, la Manche (*the Channel,* disent justement les Anglais), plutôt qu'un obstacle aux échanges, est une voie de communication. Il ne faut, selon un témoignage contemporain, que vingt-quatre heures pour la franchir à la rame ; parcourir sur terre une telle distance (250 kilomètres environ) est à l'époque beaucoup plus long et bien plus dangereux.

Les premiers Bretons d'Armorique

C'est pourquoi, dès la fin du IIIe siècle, parmi les troupes cantonnées au nord de la Gaule par l'administration impériale, sans doute au moins le cinquième des effectifs était-il originaire de l'île voisine. L'armée romaine se « barbarise » tout au long du IVe siècle. A côté des Germains installés en Gaule à titre de « fédérés » (c'est-à-dire avec qui l'Empire a passé un traité : *foedus*), se trouvent incorporés des Celtes insulaires en tant que « dédītices » (prisonniers de guerre à qui la liberté a été accordée à condition de s'engager dans l'armée romaine). Il s'agit vraisemblablement de Pictes (le mot latin *picti* signifie « tatoués » et désigne les Bretons barbares de l'Ecosse actuelle) et de Scots (Irlandais) qui n'ont jamais été soumis à Rome. La relecture des rares textes disponibles à la lumière des données récentes de l'archéologie (Alet [Saint-Servan] ; Le Yaudet [Ploulec'h, près de Tréguier]) vient confirmer les liens entre la Grande-Bretagne et les militaires chargés de la défense des côtes armoricaines contre les pirates venus d'Irlande ou de la mer du Nord.

Lorsqu'en 407, des peuples « barbares » (c'est-à-dire étrangers à l'Empire) franchissent le Rhin pour s'établir en force dans l'Occident romain, cela fait donc plus d'un siècle que leurs congénères ne sont plus des étrangers pour les populations gallo-romaines. A cette occasion, les garnisons de Grande-Bretagne sont rapatriées sur le continent (410), si bien que les cités britanniques font appel à des mercenaires angles et saxons pour résister à la pression des Pictes et des Scots. Entre-temps, des Bretons continuent de franchir la Manche pour rejoindre leurs compatriotes dans la péninsule. L'assimilation des nouveaux arrivants ne peut qu'être facilitée par la proximité entre la langue bretonne et la langue gauloise qui n'a probablement pas complètement disparu ici.

Quand le dernier empereur de Ravenne, Romulus Augustulus († 511 ?), est déposé en 476 avec l'aval de l'Empire d'Orient, l'armée prend officiellement en Occident le pouvoir qu'elle détenait déjà de fait. Au sud de la Loire, l'aristocratie locale collabore avec

Page de gauche : **Enluminure de la *Compilation des chroniques et histoire des Bretons* de Pierre Le Baud (1480) représentant le combat des Trente (1351), sur la lande de la Mi-Voie entre Pontivy et Josselin.** Ce célèbre épisode de la guerre de Succession de Bretagne est emblématique des « passes d'armes » (sans réelle efficacité stratégique) auxquelles s'adonnait la chevalerie à la fin du Moyen Age. BnF.

Fresque (fin XVe siècle) de la chapelle de Stival (Morbihan) : saint Mériadec en prière devant son ermitage à côté de menhirs christianisés.
A l'arrière-plan, se dessine le château de Josselin appartenant aux Rohan, commanditaires de l'édifice, qui se prétendaient apparentés au saint.
Photo de l'auteur.

les rois burgondes et wisigoths afin d'assurer tant bien que mal la continuité des institutions romaines. Par contre, en Gaule du Nord, les chefs de guerre barbares (plus ou moins romanisés) sont en concurrence avec des généraux gallo-romains qui s'efforcent de se maintenir au pouvoir entre la Somme et la Loire durant la seconde moitié du Ve siècle. Ceux-ci entretiennent des relations diplomatiques et militaires avec les petits royaumes qui se réclament de l'héritage de Rome à l'ouest de la Grande-Bretagne. Mais, au moment où les Francs de Clovis bousculent Syagrius « roi des Romains » (476-486) à la

Clochettes portatives attribuées aux saints bretons (VIe-VIIIe siècle).
Musée ancienne abbaye de Landévennec.

La Bretagne linguistique : les toponymes en plou- et en -ac

Cartographie AFDEC d'après André Chédeville, 1997.

bataille de Soissons (486), le Britto-Romain Ambrosius Aurelianus remporte la victoire du mont Badon (peut-être en 482 ?) sur les Anglo-Saxons, ce qui retarde leur progression pour plus d'un demi-siècle.

Dans ce contexte, se pose la question de l'instauration de royaumes doubles à cheval sur la Manche. Le fait n'a rien d'improbable : la Cornouaille (Sud-Finistère) porte le même nom que le Cornwall britannique ; la Domnonée (qui s'étend sur la côte nord) tire son nom de celui du peuple breton des *Dumnonii*, tout comme le Devon en Grande-Bretagne. A la différence des barbares convertis à l'arianisme (une hérésie chrétienne adoptée par les Goths et les Burgondes) ou restés païens (comme les Francs, les Angles ou les Saxons), les Bretons partagent la même religion que les populations armoricaines et, surtout, ils persistent à se considérer comme citoyens romains.

Après la conversion de Clovis (481-511) au christianisme par l'épiscopat gallo-romain (vraisemblablement en 499), les Bretons n'ont plus de raison de ne pas traiter avec le roi franc qui fait figure de représentant légitime de l'Empire romain. A la suite de sa victoire sur les Wisigoths d'Aquitaine à Vouillé (507) à laquelle cette alliance a sans doute contribué, l'empereur d'Orient lui confère les titres de consul honoraire et de patrice (la plus haute dignité militaire romaine) qui font de lui une sorte de vice-empereur, reconnu comme tel à Byzance (508). Le Mérovingien paraît dès lors avoir renoué avec les Bretons les relations inaugurées durant la période précédente par le pouvoir militaire gallo-romain qu'il a supplanté. C'est pourquoi, à la première vague migratoire bretonne de caractère militaire des IVe-Ve siècles, succède dès lors une « seconde migration » (pour reprendre l'expression de L. Fleuriot), désormais encadrée par des « saints », qui adhèrent sans doute au programme politique et religieux de Clovis (et de son fils Childebert après lui - 511-558). Durant l'Antiquité chrétienne, les membres du clergé étaient qualifiés de « saints » à titre honorifique. Cet usage disparu sur le continent (sauf pour le pape, qui est encore aujourd'hui appelé « Sa Sainteté »), s'était maintenu dans les chrétientés insulaires. Le clergé semi-monastique venu d'outre-Manche fonde dans la péninsule armoricaine de petits ermitages appelés *lann*, comme à l'ouest de la Grande-Bretagne. A partir de ces établissements, les saints desservent des groupes de compatriotes qui constituent des *ploues* (du latin ecclésiastique *plebs* : « le peuple chrétien »). Beaucoup de toponymes en Bretagne sont composés de l'un ou l'autre de ces termes : vers 510, par exemple, deux prêtres bretons, Lovocat et Catihern se font remarquer par l'épiscopat gallo-romain. Ils sont sans doute établis à Languédias (un *lann* qui tire son nom de celui de Catihern) d'où ils rayonnent dans la *ploue* du *lann* (Plélan-le-Petit, au sud de Corseul - Côtes-d'Armor). Même s'il n'y a pas vraiment de divergences doctrinales, l'attachement de ce clergé à des pratiques abandonnées par ailleurs a de quoi déconcerter ses confrères continentaux.

Dans la Gaule franque, la christianisation des campagnes continue de progresser depuis le chef-lieu de la cité où réside l'évêque. Les diocèses de Rennes, de Nantes et de Vannes

Stèle à l'orant de Saint-Guévroc (Treflez, Finistère), VIIe-IXe siècle.
Le personnage en prière, les deux mains levées, porte sans doute un manteau tombant de ses épaules (plutôt que des ailes).
Musée de Bretagne, Rennes.

Vitrail de la cathédrale de Dol (Ille-et-Vilaine), restitué vers 1400 : saint Samson franchit la Manche.
Photo Yvon Boëlle.

fonctionnent toujours de cette manière. Par contre, dans le reste de la péninsule, comme en Grande-Bretagne, les communautés rurales ne relèvent pas de sièges épiscopaux hérités de l'Antiquité, mais paraissent dépendre d'évêques promus à cette dignité à titre personnel. Ici comme ailleurs à l'époque, ceux-ci sont issus de l'aristocratie. Ainsi Samson, le fondateur de Dol [de Bretagne], Paul Aurélien, celui de Saint-Pol-de-Léon, sont probablement apparentés aux *Aureliani*, comme le confirme le *cognomen* de ce dernier. Les rares sources contemporaines laissent entrevoir que cette puissante famille britto-romaine, illustrée entre autres par Ambrosius Aurelianus, a joué un rôle politique essentiel dans les événements qui ont accompagné les migrations bretonnes à travers la Manche.

Les Mérovingiens qui se répartissent à chaque génération le « royaume des Francs » paraissent en outre exercer une sorte de protectorat sur les royaumes anglo-saxons alors en cours de conversion au christianisme. Ce n'est sans doute pas une coïncidence si ces derniers infligent, à partir de la seconde moitié du VIe siècle, une série de défaites aux

Trémisse (tiers de sou) d'or frappé à Nantes (fin VIe siècle).
Musée Dobrée de Nantes. Conseil général de Loire-Atlantique.

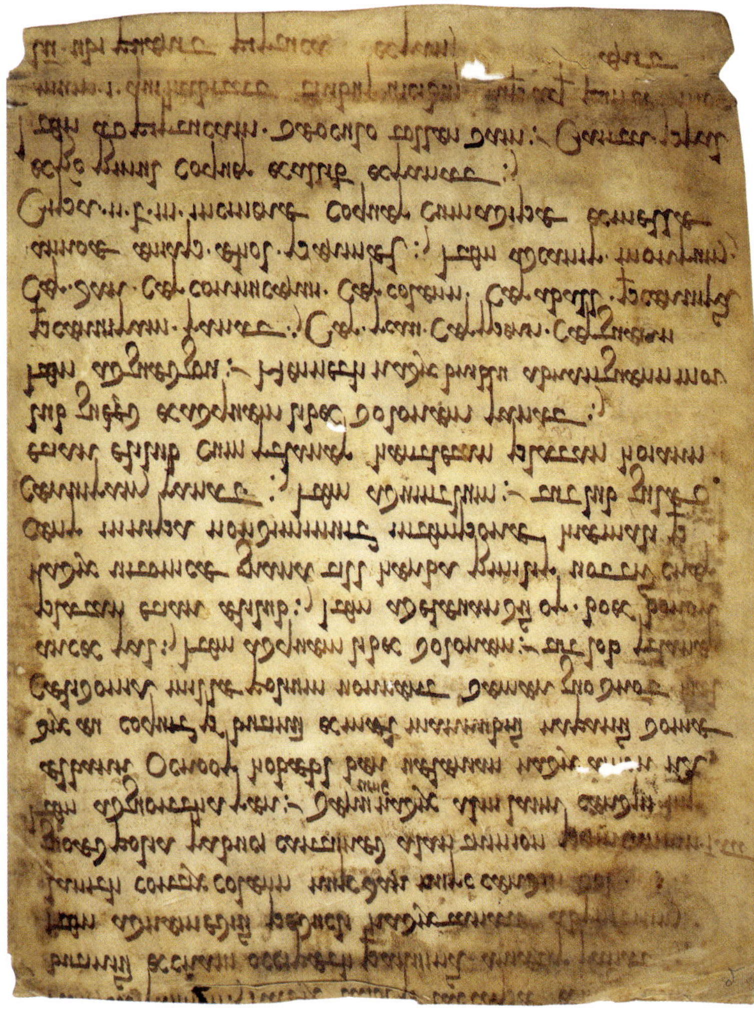

Le manuscrit de Leyde (*Vossianus* lat. 96 A – fin VIIIe siècle) porte le plus ancien texte écrit en vieux-breton : il s'agit de recettes médicinales.
Bibliothèque de l'Université de Leyde (Pays-Bas).

Bretons insulaires tandis que les relations se tendent, simultanément, entre les chefs bretons continentaux et les rois francs. Dès 578, Waroc s'empare du Vannetais qui prend dès lors le nom de *Broerec* (« pays de Waroc »). De là, il pille régulièrement le pays nantais… et ses vignobles, au moment des vendanges. Au début du siècle suivant, Judicaël, qui règne sur la Domnonée, inflige plusieurs défaites au roi Dagobert (623-633) avant de traiter avec lui et de se retirer auprès de saint Méen dans le monastère Saint-Jean de Gaël.

Le royaume breton dans l'Empire carolingien

A la fin du VIIe siècle, les *Annales de Metz* mentionnent les Bretons parmi les peuples autrefois soumis aux Francs et dont les chefs ont profité des conflits entre les Mérovingiens pour prendre leur indépendance. Au contraire, il semble que durant la même période le Rennais et le Nantais soient rentrés dans l'orbite du royaume voisin de Neustrie. Quand les Carolingiens arrivent au pouvoir, ils s'efforcent de reprendre en main

Limites successives de la Bretagne au IXᵉ siècle
Cartographie AFDEC d'après André Chédeville et Hubert Guillotel, 1984.

En haut à droite :
L'abbaye bénédictine Saint-Sauveur de Redon a été fondée en 832 par saint Conwoion.
L'imposante tour centrale à trois étages d'arcatures de l'église abbatiale date du XIIᵉ siècle.
Photo Emmanuel Berthier.

Page de droite :
Enluminure de la Vie de saint Aubin (XIᵉ siècle) : les Vikings se disposent à assiéger Guérande (Loire-Atlantique).
BnF.

les régions périphériques. Pépin le Bref s'empare de Vannes en 753. Cette volonté de contrôle s'appuie sur la marche de Bretagne dont le titulaire le plus célèbre est Roland qui trouve la mort en 778 devant les Basques à Roncevaux. Il s'agit d'une « zone-tampon » constituée des comtés de Nantes, Rennes et Vannes. Elle est destinée à contenir la menace bretonne ; elle sert aussi de base arrière à la progression carolingienne. Les expéditions militaires pour contraindre les Bretons à se reconnaître tributaires des Carolingiens se répètent régulièrement sous Charlemagne (768-814), puis sous Louis le Pieux (814-840).

Afin de pacifier la région, ce dernier place à la tête du comté de Vannes Nominoë, un chef breton dont il fait son « chargé de mission » (*missus*) pour l'ensemble la Bretagne (831) et qui demeure le « fidèle » de l'empereur jusqu'à la fin du règne de celui-ci (840). Mais les maladresses de Charles le Chauve (843-877), le fils de Louis le Pieux à qui le partage de Verdun (843) a attribué la Francie occidentale, provoquent la révolte de Nominoë qui inflige au Carolingien une cuisante défaite dans les marais de Ballon, près de Redon (845). Comme tous les aristocrates du temps préoccupés d'assurer l'hérédité des charges comtales, il veut surtout rester en place et transmettre son *missaticus* à sa descendance. Pourtant, contrairement à la légende, jamais il ne s'est prétendu roi : un an avant sa mort au cours d'une expédition en Vendômois (851), il s'intitule toujours « comte dans toute la Bretagne ». Son fils, Erispoë (851-857), qui a pris sa succession sans en référer à Charles le Chauve, remporte une victoire décisive sur l'armée royale à Jengland-Beslé (Grand-Fougeray). Un traité conclu à Angers entérine le fait accompli (851). En échange d'un serment de fidélité, Erispoë se fait reconnaître comme roi à la

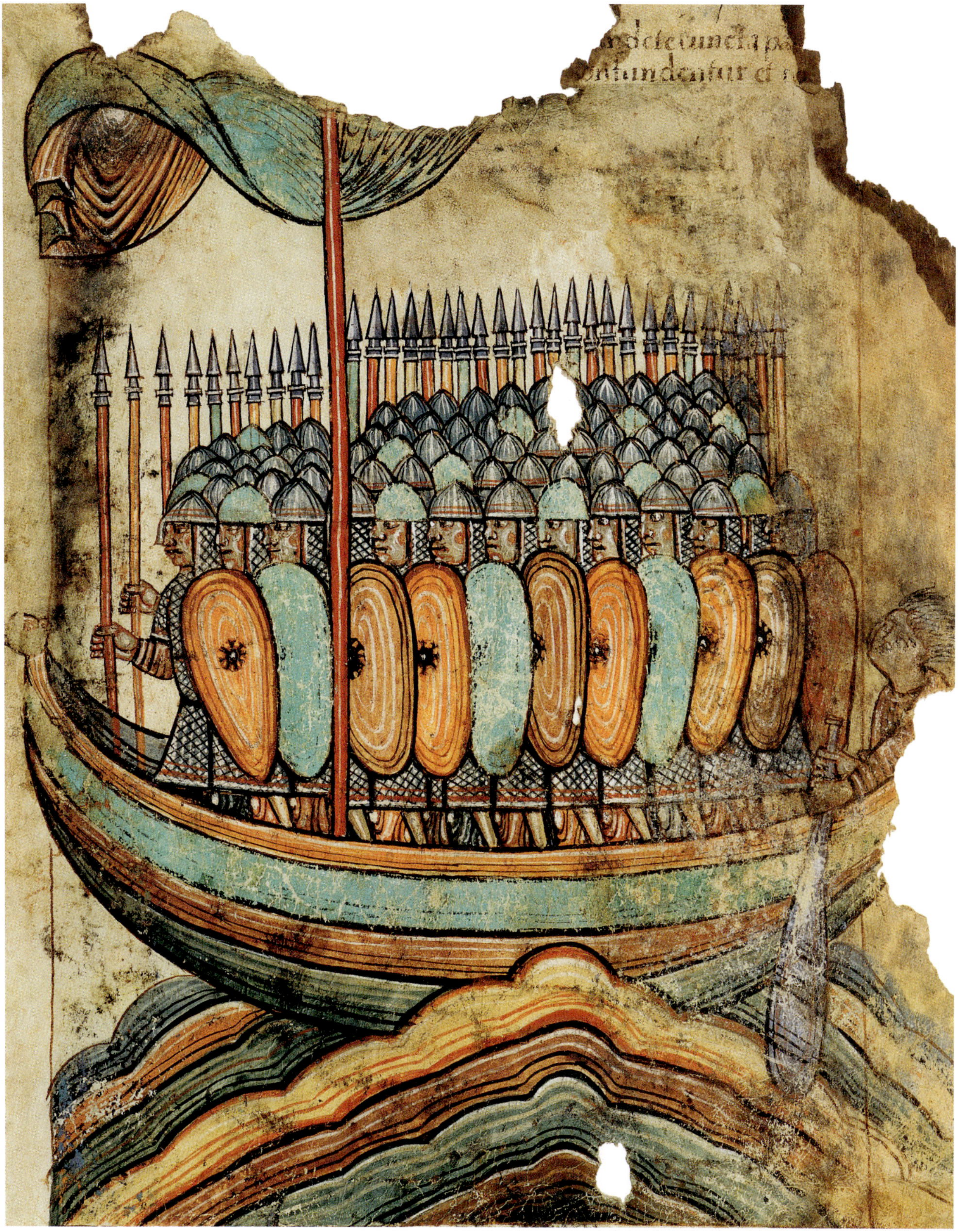

tête de l'héritage paternel auquel sont rattachés le Rennais, le Nantais et le pays de Retz (avec la mainmise sur le trafic du sel) : l'ancienne marche constitue désormais la « Nouvelle Bretagne ».

La région prend ainsi la configuration qu'elle a conservée durant près d'un millénaire. En principe, de tels « royaumes subordonnés », créés pour intégrer à l'Empire d'autres régions périphériques (Aquitaine, Bavière), étaient confiés à des membres de la famille carolingienne. Par la force des choses, la Bretagne constitue donc un cas particulier. Un mariage entre le fils de Charles le Chauve et la fille d'Erispoë est prévu pour régulariser la situation (856). Mais il faut croire que ce projet porte préjudice à Salomon, le cousin d'Erispoë, qui assassine celui-ci en 857. Le règne de Salomon (857-874) marque l'apogée de la Bretagne du haut Moyen Age. Pour s'assurer de sa fidélité, Charles le Chauve lui cède d'abord une partie du Maine (863), puis le Cotentin et – sans doute – l'Avranchin (867) avant de lui faire parvenir la « couronne royale » (868). En une trentaine d'années, la superficie du royaume breton a triplé, mais le déplacement de son centre de gravité vers les territoires de langue romane implique désormais le bilinguisme et l'alignement des élites dirigeantes sur le modèle carolingien. Salomon meurt, victime à son tour d'une conspiration entre des membres de sa famille et des nobles francs. Cet assassinat (874) ouvre une période de guerre civile que les Vikings mettent à profit pour multiplier les incursions dans la péninsule. L'arrivée au pouvoir d'Alain le Grand (v. 890-907), qui se voit reconnaître le titre royal par Charles le Simple (898-923), parvient à mettre provisoirement un frein aux invasions scandinaves. Les carences du pouvoir après son décès favorisent autant la progression normande que celle-ci ne contribue à précipiter l'effondrement du royaume breton.

Ci-dessus :
Epée (d'origine continentale) dans son fourreau ; fers de lance (dont un à ailerons) ; umbo de bouclier avec ses clous de fixation.
Photo Association des amis du camp de Péran.

En haut :
Vue aérienne du camp normand de Péran (xe siècle), en Plédran (Côtes-d'Armor).
Photo Association des amis du camp de Péran.

La Renaissance carolingienne en Bretagne

L'influence des Carolingiens passe d'abord en Bretagne par la filière ecclésiastique, comme on peut s'y attendre de la part d'un pouvoir qui se considère comme le garant de l'« ordre » voulu par Dieu. Précocement, de puissantes abbayes associées aux Pipinnides (Saint-Denis ; Saint-Sauveur de Prüm) sont possessionnées sur les marges de la Bretagne. Celle-ci est l'une des premières à être touchée par la réforme monastique (816-817) animée par Benoît d'Aniane, le conseiller de Louis le Pieux dans le domaine religieux. Dès 816, l'abbaye de Saint-Méen obtient le privilège d'immunité (ses biens échappent ainsi au contrôle fiscal du comte et de ses agents pour relever directement de l'empereur). Deux ans plus tard, à l'occasion d'une de ses expéditions militaires, Louis le Pieux charge Matmonoc, l'abbé de Landévennec, de diffuser la règle de saint Benoît à la place des

Ci-dessus :
Chapelle Saint-Etienne de Guer (Morbihan) : le pignon oriental de l'édifice remploie des matériaux d'époque romaine. Photo Emmanuel Berthier.

En haut :
Nef de l'abbatiale de Saint-Philbert-de-Grand-Lieu (Loire-Atlantique) fondée au IXe siècle par les moines de Noirmoutier repliés à Déas devant les incursions scandinaves. Photo Yvon Boëlle.

Crypte de l'église de Lanmeur (Côtes-d'Armor), xe siècle.
Le décor des piliers représente sans doute des ophioglosses (langues-de-serpent) qui illustrent aussi des manuscrits espagnols contemporains.
Photo Daniel Mingant.

usages insulaires. Celle-ci est adoptée à l'abbaye de Redon presque aussitôt après sa fondation (832). Largement dotés par de puissants bienfaiteurs, ces monastères bretons participent aux courants architecturaux les plus novateurs de l'époque. Leurs ateliers de copie produisent de nombreux manuscrits (évangéliaires, pénitentiels, traités de comput), souvent richement enluminés : on en recense plus de cent cinquante, ce qui est énorme étant donné les destructions assurées et les probables attributions erronées. Les Vies de leurs saints patrons (Guénolé à Landévennec, Samson à Dol, Magloire à

Evangéliaire de Landévennec (« Harkness Gospels », *New York Public Library*, ms 115) : la production de ce *scriptorium* se distingue par les figurations anthropozoomorphiques des évangélistes.
Photo Hervé Champollion.

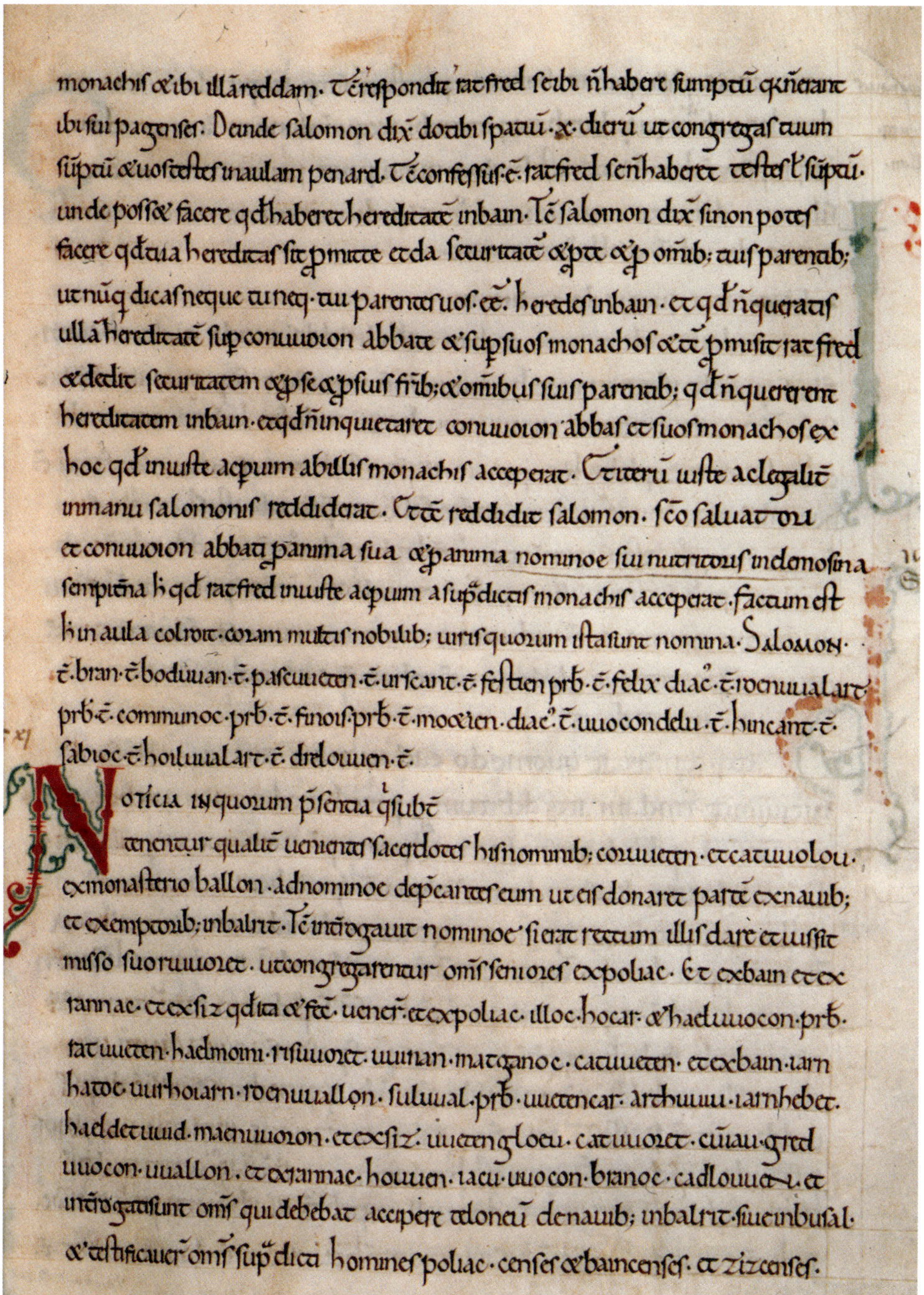

Cartulaire de Redon (XIe siècle), f° 75 : donation de Salomon après sa prise de pouvoir (857) en son *aula* (sa « cour ») de Le Corrouet en Mernel (Ille-et-Vilaine) « pour l'âme de Nominoé, son *nutritor* » (c'est-à-dire « qui l'a élevé »).

Amis des archives historiques du diocèse de Rennes.

Léhon, Malo à Alet) sont alors récrites selon les normes littéraires de la Renaissance carolingienne promue par l'entourage impérial. A titre de comparaison, l'Aquitaine ou la Provence sont à peine atteintes par ce mouvement de renouveau des lettres latines.

Les actes qui ont été recopiés au XIe siècle dans le *Cartulaire de Redon* projettent un éclairage exceptionnel sur un coin de la Bretagne méridionale à l'époque carolingienne. Les familles rurales, dispersées dans des hameaux (les *tref-*) gardent un fort sentiment d'appartenance aux *plebes*, héritières des « paroisses primitives » fondées par les immigrants bretons. La *ploue* est représentée par le *machtiern* (« chef-garant », en breton) : c'est

Denier de billon (alliage d'argent et de cuivre) du duc Alain III (1008-1040).
Au revers, l'étoile à cinq branches (hexalpha) est imitée de la monnaie du vicomte Hugues de Déols (1012-1037).
Musée Dobrée de Nantes.

un grand propriétaire qui se porte caution lors des transactions et préside le tribunal local. La petite propriété domine, mais de plus en plus de paysans libres sont amenés à placer leurs biens sous la protection de l'abbaye qui leur en laisse l'usufruit contre redevance : peu à peu se met en place le système seigneurial. Simultanément, afin d'accroître leur réseau d'influence en s'attachant des fidélités, les puissants concèdent des terres en bénéfice : c'est ainsi, en Bretagne comme ailleurs, que s'introduit la féodalité. L'institution originale du machtiernat semble décliner à la fin du règne de Salomon alors que, sous l'influence franque, s'affirment ces liens de fidélité et de dépendance.

Les rois bretons se déplacent avec leur cour d'une résidence royale à l'autre. Sur le modèle carolingien, leur pouvoir s'appuie sur les grands, tant laïques qu'ecclésiastiques, réunis autour d'eux en conseils. Parmi leurs proches, des comtes se voient confier la charge de circonscriptions qui paraissent coïncider avec les évêchés. Responsable du salut des fidèles dont Dieu lui a confié la charge conformément au principe carolingien de l'« union des deux glaives », Salomon s'efforce d'obtenir la formation d'une province ecclésiastique qui s'inscrirait dans les limites territoriales de son royaume. Festien, évêque de Dol, intervient auprès de la papauté pour que les diocèses bretons soient affranchis à son bénéfice de la tutelle de la métropole de Tours. Pour des raisons diplomatiques, Rome laisse la question en suspens. Bien qu'aucun de ses évêques n'ait reçu le *pallium* (insigne de la dignité archiépiscopale) au cours du IXe siècle, la conjoncture politique des siècles suivants a permis à Dol de s'installer dans le fait accompli jusqu'en 1199.

La Bretagne féodale

La Bretagne dont les rois étaient parvenus à contenir la menace scandinave durant une bonne partie du IXe siècle a bien failli devenir une seconde Normandie. Alors que celle-ci est concédée par le traité de Saint-Clair-sur-Epte (911) aux Normands de Rouen, leurs congénères établis sur la Basse-Loire sont en passe de réussir la même opération dans la péninsule. Entre 913 et 920, le clergé breton est contraint de se disperser en France du Nord, suivi par des chefs laïques comme le comte de Cornouaille qui est accueilli en Angleterre avec son jeune fils, le futur Alain « Barbetorte ». A la suite de l'échec d'une première révolte bretonne en 931, des négociations avec le duc de Nor-

ARBRE GÉNÉALOGIQUE DES DUCS DE BRETAGNE

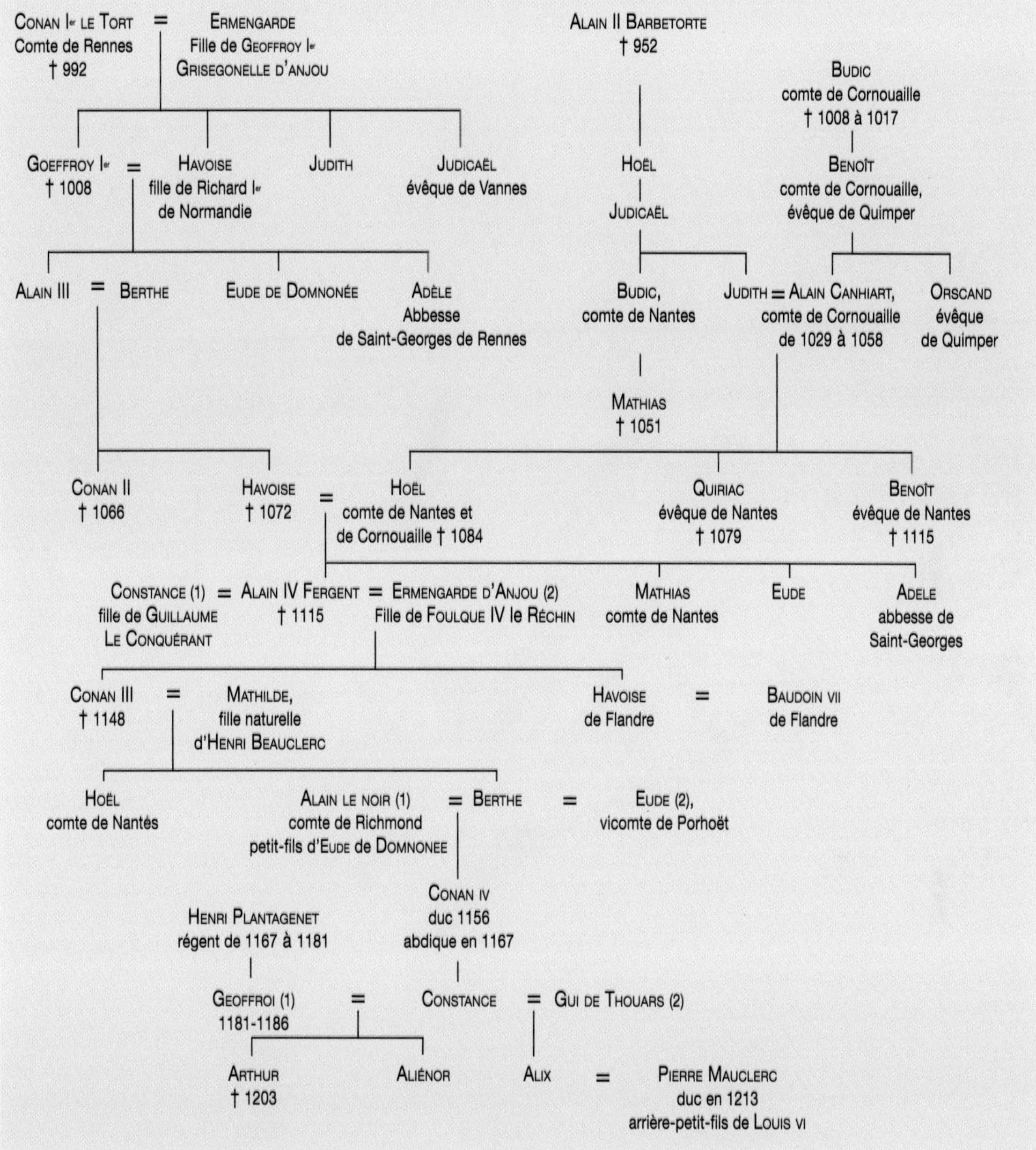

mandie, qui aboutissent par ailleurs au rappel à la tête du royaume franc du Carolingien Louis IV d'Outre-Mer (élevé lui aussi en Angleterre - 936-954), permettent en même temps le retour d'Alain (936) en Bretagne. Celui-ci reprend Nantes en 937 et remporte une victoire décisive à Trans (Ille-et-Vilaine actuelle) en 939. Il n'est toutefois pas en mesure de reprendre la titulature des rois du siècle précédent à qui il est pourtant apparenté. Lui comme ses successeurs s'intitulent désormais tantôt duc, tantôt comte ou prince. Pour la première fois, aux alentours de l'an mil, un « duc de Bretagne » bat monnaie en son nom (*DVX BRITANNIE*) ; mais cela traduit moins les prétentions de celui-ci que l'effacement du pouvoir des premiers Capétiens. Occupés eux-mêmes à s'imposer dans le domaine royal, ils n'ont ni les moyens ni d'intérêt immédiat à intervenir en Bretagne,

« Tapisserie » de Bayeux (brodée dès 1066-1067) : en 1064, Guillaume le Bâtard, duc de Normandie, assiège le duc de Bretagne Conan II (1040-1066) dans la motte castrale « des Dinan ».
Avec autorisation spéciale de la Ville de Bayeux.

non plus que dans d'autres grandes principautés. Aussi n'est-il pas surprenant qu'aucun *signum* ducal n'apparaisse sur les actes de la chancellerie royale au cours du XIe siècle.

Par contre, à la même époque, la Bretagne est sous la pression de deux puissances rivales, l'Anjou et la Normandie, qui se disputent simultanément le Maine. De plus, les maisons rivales de Rennes, de Nantes puis de Cornouaille qui accèdent au pouvoir ducal pendant les XIe-XIIe siècles doivent en même temps compter avec des féodaux remuants et attachés à leurs prérogatives. Tout d'abord, pour faire face aux comtes de Nantes qui se sont placés sous la coupe angevine, leurs concurrents rennais cherchent l'appui de la Normandie. C'est pourquoi les nobles bretons sont nombreux à participer à la conquête de l'Angleterre à la suite de Guillaume de Normandie (1066). Le duché ne trouve vraiment son unité que sous Hoël (1066-1084). Issu de la maison de Cornouaille, il contrôle aussi le comté de Vannes. Par son mariage avec la sœur du duc précédent (Conan II - 1040-1066), il entre en possession des comtés de Rennes et de Nantes. Toutefois, c'est sous son règne que la décentralisation au bénéfice des seigneurs châtelains est la plus poussée. Un changement s'amorce avec Alain Fergant (c'est-à-dire « brave-parfait » - 1084-1112), le dernier duc dont le breton soit la langue maternelle, qui s'efforce de mettre un frein aux prétentions de ses vassaux et renforce l'administration ducale en se dotant d'une véritable chancellerie. Les mariages successifs du duc illustrent son souci de jouer des rivalités entre ses voisins pour les neutraliser : Alain épouse d'abord une fille de Guillaume le Conquérant, puis se remarie avec une fille du comte d'Anjou, Foulque le Réchin. Ce jeu de bascule n'est plus de mise quand la Bretagne se retrouve encerclée par les possessions d'Henri II Plantagenêt : il est à la fois comte d'Anjou, duc de Normandie, roi d'Angleterre (1154-1189) et duc d'Aquitaine (par son mariage avec Aliénor - 1152). Une crise de succession, à la suite du décès du duc Conan III (1116-1148), fournit au Plantagenêt un prétexte pour prendre le duché sous son protectorat avant de l'administrer directement (1166-1181) puis de le remettre à l'un de ses fils, Geoffroy (1181-1186) qu'il a marié à l'héritière du duché. Leur fils, le jeune duc Arthur de Bretagne, lors de l'affrontement décisif entre Philippe Auguste et Jean sans Terre, prend le parti du Capétien contre son oncle afin de faire valoir ses droits sur la succession de Richard Cœur de Lion (1189-1199) à laquelle paraît le destiner le nom prestigieux que lui a choisi sa mère. Mais il est capturé et assassiné par Jean sans Terre à Rouen en 1202. La victoire de Philippe Auguste sur son adversaire (1204) a entre autres conséquences le mariage d'Alix à qui revient le duché avec un prince capétien, Pierre de Dreux (1213). Celui-ci participe à divers complots qui perturbent le début du règne de Louis IX, mais doit faire soumission en 1234. Désormais, jusqu'au deuxième quart du XIVe siècle, les ducs capétiens se comportent en vassaux fidèles du roi de France. Ils entretiennent cependant des relations cordiales avec l'Angleterre où ils sont souvent investis de l'« honneur » de Richemont concédé autrefois par Guillaume le Conquérant à des Penthièvre, membres de la branche cadette de la famille ducale.

La société bretonne du XIe au XIIIe siècle

Bien des troubles de la période s'expliquent en fin de compte par la résistance des féodaux à la centralisation du pouvoir sous l'influence des Plantagenêts, puis sur le modèle des Capétiens. L'administration ducale se perfectionne avec la création d'un sénéchal de Bretagne vers 1165 qui cumule fonctions militaire, judiciaire et financière ; si celui-ci disparaît de la documentation sous Jean le Roux (1237-1286), huit sénéchaux de « baillies » qui coïncident avec les anciens comtés sont mis en place durant la seconde moitié du XIIIe siècle afin de gérer le domaine ducal qui s'est largement étendu et surtout de rendre la justice. Les ducs monopolisent la monnaie et entreprennent une œuvre législative dont un premier jalon est constitué par l'*Assise au comte Geoffroy* (1185). Plutôt qu'un acte imposé par le pouvoir, il s'agit là d'un document rédigé de manière contractuelle avec l'aristocratie pour organiser la transmission des fiefs. Au contraire, la *Très ancienne coutume de Bretagne,* rédigée au début du XIVe siècle par des légistes imbus de droit romain, soutient le principe d'une autorité ducale solide.

Entre-temps, à partir du milieu du XIe siècle, est intervenue la réforme ecclésiastique qualifiée de « grégorienne » qui touche prématurément le duché (dès 1050, à Nantes). La répartition de la Bretagne en neuf évêchés est un fait acquis depuis la fin du Xe siècle : les diocèses de Saint-Brieuc et de Tréguier se sont ajoutés à ceux d'Alet (dont le chef-lieu est déplacé sur l'île de Saint-Malo en 1146),

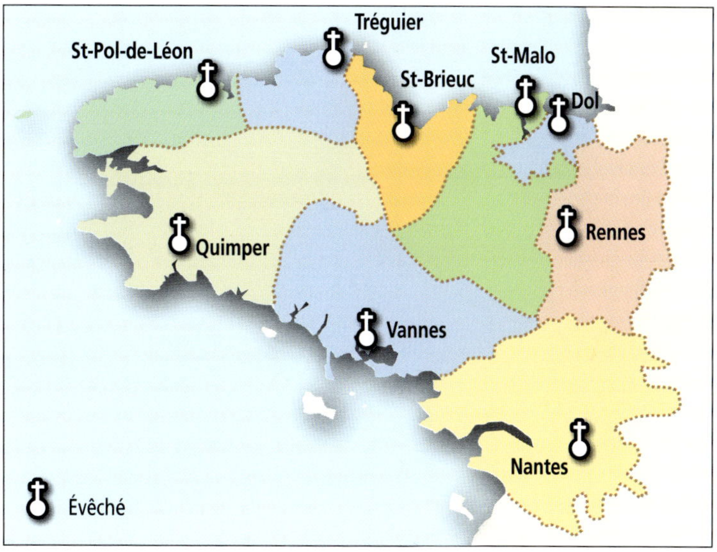

Les évêchés bretons au Moyen Age
Cartographie Patrick Mérienne.

Le port de Dinan (Côtes-d'Armor), sur la Rance.
Sur la rive droite (à gauche du cliché), le pont médiéval débouche sur la côte du Jerzual qui donne accès à la ville. Sur la rive gauche, du côté de Lanvallay, le bourg de La Madeleine s'est développé autour d'un prieuré de l'abbaye Saint-Florent de Saumur (1070).
Photo Gwenaël Saliou.

Saint-Pol-de-Léon, Quimper, Vannes, Nantes, Rennes, et Dol (qui doit renoncer à ses prétentions à l'archiépiscopat après 1199). Dans la logique de l'indistinction entre temporel et spirituel, les charges épiscopales étaient occupées par de puissantes familles aristocratiques qui se les transmettaient de père en fils. A partir du XIIe siècle, les pouvoirs politiques doivent compter avec des évêques, venus de l'extérieur ou bretons d'origine, qui sont attachés à la défense des intérêts ecclésiastiques. Une bonne partie de ce personnel épiscopal est issue des grandes abbayes des régions voisines ; c'est déjà le cas d'Even, moine de Saint-Florent de Saumur, promu archevêque de Dol (1076-1095). Dès les premières décennies du XIe siècle, celles-ci (Saint-Florent, mais aussi Marmoutier ou Fleury-sur-Loire) ont contribué à restaurer les anciens monastères détruits par les Normands (Redon, Rhuys par exemple) tout en multipliant leurs propres prieurés, en Haute-Bretagne surtout. Au siècle suivant, les ducs et l'aristocratie favorisent l'implantation d'ordres nouveaux comme les cisterciens qui mettent en valeur les campagnes (Bégard, Boquen, etc.) ou les chanoines augustins qui s'installent plutôt à proximité des agglomérations nouvelles (Rillé, près de Fougères, par exemple).

Maquette d'une motte castrale : la « basse cour » s'étend au pied de la forteresse.
Musée de Bretagne, Rennes.

La paroisse contribue à l'encadrement des hommes par le pouvoir ecclésiastique. L'église désormais construite (au moins partiellement) en pierre et entourée par le cimetière soude la communauté villageoise dispersée en hameaux. Le maillage paroissial

Fortifié dès le XIe siècle, le château de Fougères (Ille-et-Vilaine), avec ses trois enceintes édifiées du XIIe au XIVe siècle, occupe une superficie de 2 ha.
Photo Emmanuel Berthier.

qui se dessine à la fin du XIIIe siècle préfigure la carte des communes rurales actuelles. La seigneurie qui intervient également dans l'organisation du territoire ne coïncide pas systématiquement avec le village et entretient des rapports complexes avec celui-ci. Les seigneurs châtelains détenteurs du droit de ban (c'est-à-dire le pouvoir public de commander l'armée, lever l'impôt, juger et percevoir les amendes) sont peu nombreux en Bretagne. Par contre, on rencontre souvent plusieurs familles chevaleresques par paroisse. Simples professionnels de la guerre à l'origine, les chevaliers ont été pourvus de fiefs par leurs seigneurs. Ce n'est pas avant la seconde moitié du XIIe siècle que les plus puissants des seigneurs châtelains ont les moyens d'édifier des châteaux forts. Auparavant, le siège de l'autorité seigneuriale est la motte surmontée d'une tour de bois rectangulaire. On en compte des centaines en Bretagne ; la

Château de La Hunaudaye (Plédéliac, Côtes-d'Armor), puissante forteresse érigée au début du XIIIe siècle par la famille de Tournemine et reconstruite au cours du XVe siècle.
Photo Hervé Ronné.

***Le Roman de Lancelot du lac*, fin du XIVe siècle.**
En haut à gauche, la naissance de Lancelot ; à droite : l'enfance de Lancelot au château de la Dame du lac ; en bas à gauche : le roi Arthur accueille Lancelot à Camaalot ; à droite : Lancelot voit le Graal en rêve.
Bnf, Ms fr 117, f° 1.

résidence du maître du ban s'en distingue par la présence d'une « basse cour » qui sert à l'occasion de refuge aux populations rurales. Il n'y a pratiquement plus de serfs depuis le XIe siècle. La plupart des paysans exploitent des tenures héréditaires. Leur situation est précaire, même si les prélèvements seigneuriaux pèsent sans doute moins lourd ici qu'ailleurs.

La délimitation entre deux paroisses ou deux seigneuries est souvent marquée par la « haie » qui désigne alors plutôt une large bande forestière qu'une clôture végétale destinée à protéger les cultures des divagations du bétail. L'extension des surfaces cultivables liée à l'augmentation de la population, lente mais continue durant trois siècles, se traduit moins par de grands défrichements que par des entreprises diffuses de gain de terres. Le bocage qui ne se développe vraiment qu'aux derniers siècles du Moyen Age ne domine pas encore le paysage. Partout, la production des céréales progresse tandis que landes et forêts sont consacrées à l'élevage. La vigne est la principale culture spécialisée qui ne se limite pas au pays nantais puisqu'on l'exploite aussi autour de Rennes et de Dinan.

La croissance démographique a aussi pour corollaire l'essor des échanges terrestres. Ceux-ci entraînent, en Bretagne comme dans tout l'Ouest, des fondations de bourgs, qui se développent, de 1050 à 1150 environ, sous la protection d'un château, le plus souvent à proximité d'un prieuré et au passage d'un pont (de Pontorson à Hennebont en passant par Paimpont). Les bourgeois, artisans ou commerçants, se contentent de faire des affaires et de gérer des « municipalités paroissiales » (à Dinan ou à Lamballe, par exemple) sans chercher à s'émanciper du seigneur, sauf à Saint-Malo où la tentative des bourgeois pour imposer à l'évêque une « commune jurée » se solde par un échec (1308). Le tissu de villes moyennes actuel est en grande partie l'héritage de ces bourgs médiévaux. La ville résulte donc de la route et de la volonté seigneuriale plus que de son implantation « fluvio-maritime » en fond de ria, comme on le prétend encore parfois. En effet, le trafic maritime auquel les invasions normandes ont porté de rudes coups se limite longtemps au cabotage le long des côtes. Port-Pican (près de Cancale), le premier port mentionné dès 1032, n'est sans doute qu'un modeste havre de pêcheurs. C'est d'abord sur la côte méridionale de la péninsule que s'amorce la reprise des activités maritimes en relation avec l'Aunis et l'Aquitaine. A la faveur de la paix du XIIIe siècle, la Bretagne importe du vin et exporte son sel ainsi que du blé. Un indice significatif de la fréquentation des côtes bretonnes est l'accaparement par Pierre de Dreux du « droit de bris » (*lagan*) qui lui rapporte les cargaisons des navires échoués sur sur le rivage. Autre indice qui ne trompe pas : sur la vingtaine de couvents fondés par les ordres mendiants qui fournissent des prédicateurs au duché, six sont implantés au cours du XIIIe siècle dans des villes côtières susceptibles de leur rapporter des aumônes.

Scènes de vie seigneuriale sur un coffret de mariage de la fin du XIIe siècle conservé dans le trésor de la cathédrale Saint-Pierre de Vannes où il a servi de reliquaire à l'évêque Guethenoc (1182-1222).
Photo Yvon Boëlle.

La Bretagne médiévale est déjà un foyer d'émigration. Celle-ci concerne moins la partie bretonnante de la région que le pays gallo (qui parle une langue romane) dont la limite se stabilise alors, en gros, de part et d'autre d'une ligne Saint-Nazaire-Plouha. A côté des petites gens qui émigrent vers le Chartrain ou le Poitou ainsi qu'à Paris, les clercs bretons doivent aller se former dans les écoles du royaume (Chartres, Angers, Paris). L'un des plus brillants philosophes du XIIe siècle, Pierre Abélard (1079-1142), appartient à une famille de chevaliers du Nantais. Yves de Kermartin (saint Yves, 1253-1307), modèle atypique de curé de paroisse, est un petit noble du Trégor qui a fréquenté les universités de Paris et d'Orléans avant de revenir exercer la justice pour le compte de l'évêque de

Tréguier. Au nombre des expatriés partis tenter leur chance hors du duché, les jongleurs bretons diffusent des *lais* (chants d'amour et d'aventures) sur le roi Arthur et ses chevaliers et jouent un rôle important dans la diffusion de la « matière de Bretagne ». Les romans tirés de ces récits connaissent un succès durable dans les milieux aristocratiques.

L'Etat breton aux XIVe-XVe siècles

Après le « beau XIIIe siècle », la Bretagne n'est pas épargnée par les « malheurs du temps » engendrés par la crise de croissance que traverse l'Europe à la fin du Moyen Age. Le duché, qui comptait environ 1 250 000 habitants à la fin du XIVe siècle, en a probablement perdu le tiers un demi-siècle plus tard et ne retrouve ce chiffre qu'au tournant du XVIe siècle. Toutefois, peut-être souffre-t-il moins de la conjoncture que ses voisins et sans doute se rétablit-il plus vite ? Les témoignages contemporains font rarement allusion ici à la peste (1348) ou aux famines. La Bretagne est frappée de plein fouet par la guerre de Cent Ans (1337-1453), mais celle-ci n'y dure pas plus d'une génération.

Quand le duc Jean III meurt sans héritier direct (1341), deux prétendants se disputent sa succession : Jeanne de Penthièvre, nièce du duc défunt, et le demi-frère de celui-ci, Jean de Montfort [-l'Amaury]. A l'encontre de la loi salique (censée écarter les femmes du trône) qui sert pourtant de prétexte au conflit franco-anglais, la France soutient

Page de gauche : **L'évocation de la bataille d'Auray (29 septembre 1364) dans le manuscrit de la *Compillation des Cronicques et ystoires des Bretons* de Pierre Le Baud vaut d'être comparée avec l'enluminure correspondant dans les *Chroniques* de Jean Froissart (ci-dessous).** Le traitement de l'héraldique et des bannières traduit les intentions politiques des auteurs. Chez Pierre Le Baud, au premier plan, les deux prétendants sont l'un et l'autre couronnés d'or ; à l'extrême gauche du document, la levrette de Charles de Blois a déjà choisi le camp du vainqueur, en rejoignant Jean de Montfort.
BnF, Ms fr 8266, f° 262.

Bataille d'Auray d'après les *Chroniques* de Jean Froissart, XVe siècle ; bannières fleurdelysées des Franco-Bretons ; bannières mêlées de France et d'Angleterre (léopards et fleurs de lys), du côté adverse.
BnF, Ms fr 2643, f° 292.

De mercredi .ij.e jour du moys doctobre
ensuivant lan dessus dit le Roy fist
connestable de france vacant par
Resignacion qauoit faicte dudit office mess

Charles de Blois, époux de la duchesse de Penthièvre, tandis que le duc de Montfort a l'appui de l'Angleterre. Durant une vingtaine d'années, la guerre de Succession de Bretagne se prolonge de coups de main en morceaux de bravoure qui fournissent à Jean Froissart (v. 1404) la matière de bonnes pages dans ses *Chroniques*, comme le récit du combat des Trente (1351) ou celui de la défense de Rennes par Bertrand du Guesclin (1356-1357). En fin de compte, la bataille d'Auray (1364) au cours de laquelle Charles de Blois trouve la mort donne la victoire à Jean IV, le fils de Jean de Montfort. A la suite du premier traité de Guérande, le vainqueur reçoit la couronne ducale en échange de l'hommage au roi de France tandis que des compensations sont accordées aux Penthièvre. Vassal de Charles V pour le duché et d'Edouard III pour le comté de Richemont, Jean IV joue la carte anglaise : ce parti pris lui vaut l'hostilité de la majorité de sa noblesse qui le contraint à l'exil outre-Manche en 1373 tandis que du Guesclin, promu connétable de France, occupe presque tout le duché. Mais la « commise » qui prononce le rattachement de la Bretagne au domaine royal (1378) retourne la situation en faveur du duc qui débarque triomphalement à Dinard (1379) et profite du décès de Charles V (1380) pour obtenir son rétablissement à la tête du duché par le second traité de Guérande.

Dès lors, les contrecoups de la guerre de Cent Ans ne touchent plus la Bretagne que sur ses marches (qui s'étendent de la Normandie au Poitou) tandis que ses côtes subissent les ravages de la piraterie. Le conflit offre toutefois à la noblesse bretonne l'occasion de faire valoir ses talents militaires. A la suite de du Guesclin (1320-1380), deux autres connétables bretons s'illustrent à la tête des troupes royales : Olivier de Clisson (1336-1407) et Arthur de Richemont (1393-1458), frère cadet du duc Jean V (1399-1442). Durant près d'un demi-siècle, ce dernier profite de l'affaiblissement de la France sous Charles VI et Charles VII pour pratiquer une politique opportuniste de neutralité au fil des trêves entre les belligérants et des périodes de reprise des hostilités. Le rétablissement de la situation militaire de Charles VII incite ses successeurs à voler au secours du vainqueur : François I (1442-1450), Pierre II (1450-1457) participent aux dernières opérations de la guerre de Cent Ans (Formigny - 1450 ; Castillon - 1453), tout en affirmant leur indépendance. Même Arthur III (1457-1458), couronné duc à 64 ans par suite de la mort sans héritier de ses neveux, après une

Bois gravé des *Grandes Croniques de Bretaigne* d'Alain Bouchart (1514), première œuvre historique bretonne imprimée. Le duc Jean V, siégeant en majesté, entouré des membres de son parlement, cour de justice supérieure du duché.
Musée Dobrée de Nantes. Conseil général de Loire-Atlantique.

Page de gauche :
Charles V remet à Du Guesclin l'épée de connétable (2 octobre 1369). Enluminure de Jean Fouquet.
BnF, *Grandes Chroniques de France*, XVe siècle, Ms fr 6465, f° 434v°.

Gallion du XVIe siècle sculpté sur l'église de Notre-Dame de Croaz-Batz (Roscoff – Finistère).

longue carrière militaire à la tête de l'armée royale, prête l'hommage lige à Charles VII en tant que connétable, mais ne consent qu'à l'hommage simple, en tant que duc parce que, soutient-il, son duché « n'a jamais fait partie du royaume et qu'il n'en est pas un démembrement ».

Sa succession revient à son neveu, François II (1458-1488), comte d'Etampes, qui a passé sa jeunesse à la cour de Charles VII. Le nouveau duc fixe sa cour à Nantes dont la reconstruction du château est entreprise à partir de 1466 et où il a obtenu de la papauté la création d'une université (1460) pour former les cadres ecclésiastiques et administratifs du duché. Les instruments de gouvernement se sont modernisés durant les décennies précédentes : le Conseil ducal est transféré de Vannes à Nantes en 1460 où se tient aussi la Chambre des comptes qui contrôle le budget. Le domaine ne rapporte guère plus de 5 % des recettes ; l'essentiel des ressources de la cour provient désormais de l'impôt. Celui-ci est voté par les « États » (appelés ainsi à partir de 1408) qui réunissent, au moins une fois par an dans une ville de Haute-Bretagne, les dignitaires ecclésiastiques, la haute noblesse et les représentants d'une vingtaine de villes pour entériner les dispositions ducales. Le duché n'a alors rien à envier à des états comparables comme l'Ecosse ou le Portugal.

Vue de la cour ducale, la Bretagne est dépeinte comme un « paradis terrestre » par certains chroniqueurs. Bien entendu, il faut faire la part de l'exagération ; toutefois, par suite d'une longue période de paix, sa situation économique est relativement favorable. A mi-chemin entre Méditerranée et mer du Nord, la péninsule bénéficie de sa position sur les routes maritimes sur lesquelles circulent des produits essentiels comme le vin, le sel et les épices. Ses marins tirent parti des difficultés que le conflit occasionne à leurs concurrents anglais et normands. A côté de quelques ports importants (Nantes, Saint-Malo, Morlaix), des dizaines de petits havres d'échouage dispersés sur les côtes de la péninsule peuvent abriter une flotte estimée à près de deux mille unités. En pays bigouden, Penmarc'h est alors un des plus grands ports d'armement européen. Ainsi naît la vocation de « rouliers des mers » des marins bretons. Les grands marchands de Bordeaux ou des Flandres affrètent leurs navires de petits tonnages, bien adaptés aux échanges de l'époque qui assurent, par exemple, plus de 80 % du trafic d'Arnemuiden, l'avant-port d'Anvers à l'extrême fin du XVe siècle. La conjoncture internationale rend compte de l'enrichissement de la bourgeoisie urbaine (Rennes, Nantes, Vitré) et d'une fraction de la paysannerie grâce à l'exportation des produits agricoles et au développement du textile dans les campagnes, par suite, notamment, de l'afflux de réfugiés normands experts dans cette activité.

Cependant, une fois la guerre de Cent Ans terminée, la Bretagne ne fait pas le poids devant le royaume de France, dix fois plus peuplé qu'elle et qui passe alors pour le plus puissant d'Occident. Devant la montée en puissance du pouvoir royal, la situation politique du duché se complique, alors que Louis XI (1461-1483) entend réduire les deux « cornes raides » du royaume, comme il qualifie la Bretagne et la Bourgogne au témoignage de Philippe de Commynes dans ses *Mémoires*. François II s'abstient de participer au sacre de Louis XI en 1461 et de lui prêter

Nantes (Loire-Atlantique) : le château des ducs de Bretagne. Gravure d'Antoine-Louis Goblain (XIXe siècle).
Musée d'Histoire de Nantes, château des Ducs de Bretagne.

hommage lige. Mais ce refus perd une grande partie de sa portée devant la position du roi qui considère ses grands vassaux (« soit duc de Bretagne ni autre ») comme ses « sujets » au même titre que « le plus pauvre homme du royaume de France ». Dès lors le duc s'implique, plus ou moins directement, dans tous les soulèvements des princes contre Louis XI (Charles de Valois, duc de Normandie, le propre frère du roi ; Charles le Téméraire, duc de Bourgogne ; le duc d'Alençon ; le comte d'Armagnac). En 1477, la défaite et la mort du duc de Bourgogne Charles le Téméraire, qui laissent l'Etat breton isolé diplomatiquement, coïncident avec la naissance d'Anne, la première fille de François II, qui donne à la Bretagne une future duchesse, à défaut d'héritier mâle. Le chancelier Guillaume Chauvin (1484), partisan d'une prudente politique de compromis avec Louis XI, a les faveurs de la haute aristocratie qui a des intérêts des deux côtés et occupe des fonctions à la cour de France. Il est supplanté par le trésorier général et receveur du duché Pierre Landais, fils d'un riche marchand de toile de Vitré, qui le fait incarcérer (1481). Celui-ci préconise une politique internationale indépendante avec le soutien de la petite noblesse et de la bourgeoisie impliquée dans le commerce international. Cette option entraîne un alourdissement forcément impopulaire de la fiscalité afin de mettre le duché en défense. De plus, elle n'a de chance de succès qu'en tablant sur l'aide étrangère. Or, ni l'Angleterre en pleine guerre des Deux-Roses (1455-1485), ni Maximilien de Habsbourg

Le Faouet (Morbihan) : chapelle Saint-Fiacre.
Le jubé, sculpté par Olivier Le Loergan, en 1480-1492, sépare le chœur de la nef.
Photo Hervé Ronné.

L'art breton aux XIVe et XVe siècles

Durant les XIVe-XVe siècles, à partir du règne de Jean V, s'affirme un « art breton » qui réinterprète les influences venues des pays de Loire. Le gothique flamboyant s'impose en architecture. Les Montfort pratiquent une politique de mécénat en soutenant de nombreux chantiers d'édifices religieux comme Notre-Dame du Folgoët ou l'église de Locronan qui fait figure de sanctuaire dynastique. L'usage de la pierre de Kersanton favorise le développement d'une sculpture originale. Dans les campagnes s'élèvent les premiers calvaires monumentaux (Tronoën ; Saint-Jean-Trolimon) tandis que se multiplient manoirs et chapelles. La vie intellectuelle n'est

Locronan (Finistère) : cénotaphe de saint Ronan (XVe siècle) dans la chapelle du Pénity, attenante à l'église.
Photo Hervé Ronné.

Collégiale de Notre-Dame du Folgoët (Finistère), fondée par le duc Jean V.
Photo Emmanuel Berthier.

pas négligeable : le français occupe une place de plus en plus importante, mais une littérature en moyen breton accède à l'écrit. Jehan Lagadeuc compose, en 1464, « à l'usage des pauvres clercs de Bretagne » le *Catholicon*, premier dictionnaire en « troys languaiges scavoir est breton franczoys et latin », imprimé à Tréguier dès 1499. L'imprimerie s'est en effet introduite précocement en 1484 à Bréhant-Loudéac, sur les terres d'un Rohan, puis à Tréguier, à Rennes, à l'abbaye de Lantenac et enfin à Nantes.

Le calvaire de Tronoen (Finistère) est sans doute le plus ancien de Bretagne (1450-1470). Son socle porte une double frise représentant l'enfance et la passion du Christ.
Photo Yvon Boëlle.

(1459-1519) qui a succédé à Charles le Téméraire et qui doit faire face au soulèvement des villes flamandes, ne sont alors disponibles pour appuyer efficacement le duché. La déchéance de Pierre Landais, condamné à la pendaison en 1485 à la suite des menées du haut clergé et de l'aristocratie, ne retient pas François II de se lancer en compagnie du prince Louis d'Orléans (le futur Louis XII) dans la « Guerre folle » contre Anne de Beaujeu qui exerce la régence au nom de son frère Charles VIII (1483-1498). En dépit de la résistance courageuse de Nantes devant l'armée royale (1487), la victoire des troupes françaises à Saint-Aubin-du-Cormier contraint le duc à signer le traité du Verger quelques semaines avant sa mort (1488). Le mariage par procuration de la duchesse Anne, âgée de 12 ans, avec Maximilien (1490) n'apporte pas les secours espérés. Elle n'a plus d'autre solution que d'épouser Charles VIII (1491). Lorsque Louis XII (1498-1515) accède au trône, il se remarie avec la veuve de son prédécesseur (1499) qui, entre-temps, s'est empressée de reprendre sa place en Bretagne. Leur fille Claude épouse à son tour le futur François Ier (1514), avant de faire donation du duché à celui-ci en juin 1515. Il est toutefois convenu que la Bretagne reviendrait à leur fils cadet, tandis que le dauphin succéderait à son père sur le trône.

Mise en bière du corps d'Anne de Bretagne au château de Blois.
Enluminure de la *Relation des funérailles d'Anne de Bretagne* (1514), commandée par Louis XII à Pierre Choque.
Bibliothèque municipale de Rennes, Ms 332.

Page de gauche :
Anne de Bretagne et sa cour.
La reine trône sous un dais, un nécessaire à écrire placé devant elle. Ses dames de compagnie sont assises sur des « carreaux » (coussins carrés).
Bibliothèque nationale de Saint-Pétersbourg.

Cy dessoubz est le pourtraict de la ville de Rennes comment elle se peult voirs audessoubz des arches de Sainct yues allant aval la riuiere. Affin quon puisse plus facillement entendre le cours dicelle riuiere. Et comment elle passe au trauers de ladicte ville, Et comment elle se deppart au dessus pour seruir aux fossez de lun des costez Scauoir deuers toussainctz.
Soleil couchant
Icy assemblent la ripuire de Villaigne et isle.
La ripuiere de Villaigne
La ripuiere de isle

La Bretagne, province

La Bretagne aux XVIe-XVIIe siècles

En plein conflit entre le duché de Bretagne et la France, un prédicateur illuminé, le frère Pierre Morin, de Guignen (Ille-et-Vilaine), avait prédit à son auditoire que bientôt « le roi de France et le duc de Bretagne seraient assis sur la même selle et chevaucheraient le même cheval ». Il s'est quand même passé plus d'un demi-siècle avant que cette prophétie ne se réalise.

Les membres des grandes familles (Laval, Rieux, Rohan) de la haute noblesse bretonne font carrière dans le royaume où celles-ci sont largement possessionnées. Certains ont participé aux guerres d'Italie aux côtés de François Ier, issu de la maison d'Orléans-Angoulême à laquelle ils sont plus ou moins apparentés. Aussi n'ont-ils pas de raisons de s'opposer au testament de la reine Claude (1524) qui lègue le duché à son fils aîné, futur

Page de gauche :
***Manuscrit de la Vilaine* (1543).**
Le peintre, Olivier Aulion (?), recourt à la technique de la chorographie pour représenter la ville de Rennes, au confluent de l'Ile et de la Vilaine. L'enluminure montre comment celle-ci « *passe au travers de ladite ville et comment elle se départ au dessus pour servir aux fossés de l'un des côtés, à savoir devers Toussaints* ».
BnF, Rés Ge, EE.146.

Le château de Suscinio (Morbihan), résidence des ducs de Bretagne. Photo Yvon Boëlle.

Les États de Bretagne, institués à la fin de la période ducale, se maintiennent durant tout l'Ancien Régime, comme dans quelques autres grands « pays d'États ». En 1764, ils se réunissent à Nantes, dans la grande salle du couvent des Jacobins. Avec le recul, dans ses *Mémoires d'outre-tombe*, Chateaubriand comparait la tenue des états à la « Diète de Pologne », en précisant ironiquement « de la Pologne à pied, non à cheval ».
Musée de Bretagne, Rennes.

roi de France, plutôt qu'à son cadet, comme prévu par le contrat de mariage de 1499. Lorsqu'en 1532, le dauphin atteint 14 ans, l'âge de la majorité, le roi, qui administrait le duché au nom de celui-ci, s'installe au château de Suscinio (Morbihan) en attendant que les États de Bretagne rassemblés à Vannes au début du mois d'août demandent l'annulation du contrat (paradoxalement, sous prétexte qu'en son temps ceux-ci n'y auraient pas consenti) et se prononcent, par conséquent, pour l'union perpétuelle « desdits pays et duché de Bretagne au royaume ». Le 14 août 1532, dans la cathédrale de Rennes, le dauphin est couronné en grande pompe duc de Bretagne sous le nom de François III. Un mois plus tard, au château du Plessis-Macé (Maine-et-Loire) en Anjou, François Ier promulgue un édit qui garantit les privilèges de la province. En 1536, à la mort prématurée de François III, son frère Henri prend sa place sans cérémonie à la tête du duché. Quand Henri II devient roi en 1547, il réunit les deux couronnes et le titre ducal disparaît. Dès lors, plutôt que d'envisager anachroniquement en termes d'« annexion » ou d'« indépendance » le devenir de la Bretagne, il est sans doute plus pertinent d'analyser dans quelles conditions s'effectue l'intégration de la province, tantôt en phase, tantôt en décalage avec le reste du royaume.

Evidemment, le rapport de force n'est pas le même sous les derniers Valois, pendant les guerres de Religion ou sous le ministériat de Richelieu. En principe, comme d'autres provinces périphériques rattachées tardivement au royaume (Bourgogne, Provence, Flandre, par exemple), la Bretagne conserve ses propres institutions et ses *privilèges* (au sens de « lois particulières », héritées du duché) dont les « États » se prétendent les garants. Faut-il rappeler que ceux-ci n'ont rien à voir avec les assemblées représentatives d'aujourd'hui ? La présidence revient à l'évêque du lieu où ils se réunissent (tous les deux ans à partir de 1630). Seules quelques dizaines de villes (vingt et une en 1577 ; une quarantaine à partir de 1614) envoient des délégués.

Portrait du duc de Mercœur.
Gravure du XVIIe siècle.
Musée de Bretagne, Rennes.

Selon les normes de l'Ancien Régime, les paysans n'y participent pas, puisque leurs seigneurs sont censés les représenter. Cependant, durant la seconde moitié du XVIe siècle, les nobles qui, à l'exception des parlementaires, siègent de droit, y assistent rarement. Par contre, ils s'y pressent en nombre au cours du siècle suivant. Les sessions, qui ont lieu de plus en plus souvent à Nantes ou à Rennes, sont alors le prétexte de mondanités que la marquise de Sévigné résume perfidement en trois verbes : « crier, danser, boire ». En fait, les États vérifient – tacitement le plus souvent – les édits royaux avant que ceux-ci soient enregistrés par le Parlement. Surtout, ils votent les impôts ordinaires (« fouage » levé sur les terres roturières et « billots » portant sur le vin) et fixent le montant du « don gratuit » (c'est-à-dire défini d'avance) puisque la province est exempte de gabelle et de taille. A force de « compromis », le roi arrive généralement à ses fins. Tout le monde y trouve son compte : le pouvoir royal, par l'assurance de rentrées régulières ; les élites provinciales, la noblesse surtout, par l'élargissement des perspectives de carrière et la possibilité d'augmenter les prélèvements seigneuriaux. Mais, somme toute, l'impôt pèse ici moins lourd qu'ailleurs, même s'il double de volume au cours du règne de Louis XIII (1610-1643) : quadruplement des taxes sur le vin (de 1620 à 1640) ; institution en 1643 d'un fouage « extraordinaire » (permanent à partir de 1661). Toujours est-il qu'à la différence d'autres régions, la Bretagne ne connaît pas de révoltes populaires contre les agents du fisc durant la première moitié du XVIIe siècle.

Quant au Parlement, c'est d'abord une cour de justice instituée par Henri II en 1554 pour remplacer les « Grands jours » qui siégeaient en appel à l'époque ducale. Les sessions devaient se tenir alternativement à Nantes et à Rennes, mais au bout de quelques années, sans doute par suite des difficultés rencontrées à Nantes pour se loger, les parlementaires déménagent définitivement à Rennes en 1561. Comme l'a noté Alain Croix, ce serait ainsi une banale question d'intendance qui aurait déterminé le statut ultérieur de capitale régionale de cette ville et sa vocation universitaire ! Il revient au Parlement d'enregistrer les édits royaux ; c'est pourquoi il est susceptible (à plus ou moins juste titre) de garantir les « libertés » bretonnes plus efficacement que les États. Dès lors, les conflits de pouvoirs entre ceux-ci et le Parlement sont exploités par le pouvoir royal pour garder le contrôle de la province. C'est ainsi qu'en 1649, lors de la Fronde, le Parlement suit le mouvement initié par celui de Paris alors que les États prennent le parti de Mazarin et de la régente Anne d'Autriche.

Toutefois, pendant près d'un siècle, pratiquement tous les gouverneurs de Bretagne sont liés à la branche de la famille ducale qui descendait de Charles de Blois : les Penthièvre monopolisent la fonction. Désigné en 1543, Jean de Brosse (1508-1576), duc d'Etampes (érigé en duché en sa faveur, ce comté avait auparavant été détenu par la reine Anne puis sa fille Claude), est aussi comte de Penthièvre. De même, le beau-frère du roi Henri III, Philippe-Emmanuel de Lorraine (1558-1602), duc de Mercœur, à qui est confiée la

Proclamation de l'édit de Nantes par Henri IV : gravure de Jan Luyken (1649-1714) publiée à Delft (Pays-Bas) dix ans après la révocation par Louis XIV (1685).
BnF, M088447.

province en 1582, est aussi l'époux de la duchesse de Penthièvre Marie de Luxembourg. Son adhésion à la cause de la Ligue n'est sans doute pas sans arrière-pensées concernant les droits héréditaires de sa femme. A la suite de l'édit de Nantes (1598), Mercœur est écarté et va se battre contre les Turcs en Hongrie. Il est remplacé par César de Vendôme (âgé de 4 ans), bâtard légitimé d'Henri IV. Mais, l'âge venu, celui-ci est marié à la fille de son prédécesseur ! A force de comploter contre Louis XIII, Vendôme finit par être destitué par Richelieu (1626). Dès lors, le gouvernement de la Bretagne est assuré par des serviteurs fidèles de la monarchie : le maréchal de Thémines, Richelieu en personne, son cousin le duc de La Meilleraye, la reine mère Anne d'Autriche... Il faut cependant attendre 1689 – plus d'un demi-siècle après la Normandie – pour que la province soit pourvue d'un intendant, perçu comme un agent de centralisation royale.

Les progrès de l'absolutisme relèvent davantage de la théorie qu'ils ne se font sentir concrètement. Son éloignement des centres de décision vaut à la Bretagne de bénéficier d'une paix presque totale durant un bon siècle et demi (XVIe siècle-deuxième tiers du XVIIe siècle). A part quelques coups de main ennemis contre les îles ou certains ports, elle a l'avantage d'être à l'écart des principaux champs de bataille (guerres d'Italie ; conflit franco-espagnol qui se déporte au XVIIe siècle vers les frontières du Nord-Est). De même, si la Bretagne échappe en grande partie aux premiers épisodes des guerres de Religion, c'est, pour ainsi dire, faute de combattants. Certes, la Réforme protestante a touché une centaine de maisons nobles dont certaines des plus illustres de la province (Acigné, Avaugour, Rohan, Rieux, Laval...) et gagné des points d'appui dans quelques villes (Nantes, Vitré, par exemple), mais le calvinisme n'a pas été en mesure d'atteindre la masse des populations rurales, si bien qu'il n'a jamais dépassé quelques milliers d'adeptes et pas plus d'un pour cent de la population (une trentaine d'églises, au maximum). Par contre, à la suite de l'assassinat du duc de Guise sur l'ordre d'Henri III (1588), puis de celui du roi par Jacques Clément (1589), les affrontements entre catho-

liques mettent la province à feu et à sang durant une dizaine d'années (1589-1598). Mercœur s'engage du côté de la « Ligue » (ou « Sainte Union », comme l'appellent certains partisans du duc). Dans un premier temps, il bat les troupes royales à Craon (1592) avec le soutien de l'Espagne qui installe même une garnison permanente à Hennebont. De leur côté, les fidèles d'Henri IV (à partir de sa conversion au catholicisme - 1594) reçoivent l'appui des Anglais qui ont établi leurs quartiers à Paimpol. Des gentilshommes se font brigands, comme Guy Eder de La Fontenelle qui, entre autres méfaits, ruine définitivement Penmarc'h (1596), premier port d'armement européen au XVIe siècle. Les paysans se soulèvent contre les bandes armées auxquelles la province apparaît comme un « petit Pérou » qu'elles ne se retiennent pas de mettre à sac. Mercœur est le dernier ligueur à se soumettre. C'est pourquoi Nantes a – presque par hasard parce que c'est la dernière ville à résister au roi – attaché son nom à l'édit de « pacification » qui y a été signé par Henri IV (1598) pour entériner la paix et qui ouvre plus de quatre-vingts ans de coexistence entre catholiques et protestants.

La Bretagne se relève bientôt de cet intermède dramatique. Sa population n'a pas cessé d'augmenter depuis la fin du XVe siècle. Avec deux millions d'habitants, elle représente le dixième de celle de la France vers 1680. Elle tire largement profit de sa situation sur les routes maritimes du grand commerce européen. Des navires anglais ou espagnols longent ses côtes et font escale dans ses ports qui servent d'entrepôts et de lieux d'échange pour les marchandises. Dès le milieu du XVIe siècle, Le Conquet (Finistère) abrite l'atelier de cartographie de Guillaume Brouscon, auteur du *Traité de navigation ou manuel de pilotage à l'usage des marins bretons*. Des marins de

Au Conquet (Finistère), l'atelier de Guillaume Brouscon (peut-être d'origine flamande) produit des cartes marines dont les cadrans permettent de calculer haute et basse mers sur les côtes. Au XVIIe siècle, Françoise Troadec adapte la technique cartographique pour les *taolennou* qu'elle réalise pour Michel Le Nobletz.

BnF, *Manuel de pilotage à l'usage des pilotes bretons*, Ms fr 25374, XVIe siècle.

Célèbre portrait de Jacques Cartier par Théophile Hamel (1848), qui s'inspire d'un tableau (perdu) réalisé en 1839 par François Riss.
On ignore le vrai visage de ce navigateur malouin qui a effectué trois voyages d'exploration du Canada (*Kanata* : « village », en iroquois).
Musée d'Histoire de Saint-Malo, photo N. Fediaevsky.

la région de Saint-Pol-de-Léon ont été parmi les premiers à atteindre l'Amérique du Sud au début du XVIe siècle. Les tentatives avortées (1555 ; 1612) de fondation d'une « France équinoxiale » sur les côtes brésiliennes ont laissé moins de souvenirs en Bretagne que les expéditions aventureuses de Jacques Cartier (?-1557) au Canada (1534 ; 1535-1536 ; 1541). Pourtant, ces dernières n'ont guère été plus concluantes et ne rapportent, dans l'immédiat, que des cailloux sans valeur à la place de l'or et des diamants attendus par François Ier. Si Saint-Malo, modeste port de roulage en 1530, est passé au premier rang des ports français vers 1680, il le doit, plus prosaïquement, aux investissements de ses armateurs dans le trafic des fourrures canadiennes et dans la pêche à Terre-Neuve. Composante incontournable des menus de l'avent et du carême dans les contrées catholiques, la morue malouine est redistribuée contre du vin et des produits méditerranéens à Marseille (où elle domine le marché à partir de 1648) et en Italie. A partir de 1620, dans le port de Civitavecchia, les Malouins sont les premiers clients de l'alun pontifical de Tolfa qui sert à blanchir les tissus. Depuis les ports d'Andalousie, afflue l'argent américain avec lequel l'Espagne achète les toiles bretonnes qui repartent pour l'Amérique. Grâce à cet apport, jusqu'en 1650, l'hôtel des monnaies de Rennes est l'atelier de frappe le plus important du royaume. Le nom de la monnaie espagnole s'impose en breton où le mot *real* en vient à désigner la pièce de cinq sous.

Ce dynamisme économique se répercute dans les campagnes. Bien que les communications terrestres demeurent difficiles, les ruraux ne sont jamais trop loin de la mer. De nombreux cours d'eau les relient en effet aux nombreux ports situés au fond des rias qui échancrent les côtes bretonnes. L'industrie textile apporte ainsi un revenu d'appoint à une population rurale de « doubles actifs ». Les paysans qui cultivent le lin ou le chanvre produisent des toiles à voiles (« olonnes » de Locronan) ou des tissus d'emballage (« canevas » de Vitré) pour le compte des « fabricants » des villes portuaires qui contrôlent

Les toiles en Bretagne du XVIe au XVIIIe siècle.
Cartographie P. Mérienne, d'après J. Tanguy.

les prix et la qualité et qui assurent la distribution. C'est le cas de Morlaix qui importe par son avant-port de Roscoff les graines de lin de la Baltique. La plante, cultivée en haut Léon et en Trégor, est filée et tissée à domicile par les paysans pour le compte des négociants morlaisiens qui exportent – vers l'Angleterre surtout – les « crées » (du breton *krez*, « chemise » : pièces de tissus d'une centaine d'aunes, soit 120 mètres). De 20 000 unités en 1600, on monte à 66 000 vers 1680. De même, les « bretagnes » de Quintin et Loudéac (draps, nappes, serviettes ou chemises) distribuées par Saint-Malo représentent un huitième des exportations européennes vers l'Amérique coloniale espagnole. L'importance de cette industrie rurale est telle qu'elle escamote d'autres productions qui, sans être négligeables, ne sont pas intégrées comme le textile. Le sel de Bourgneuf (et surtout du Croisic) s'exporte toujours

Armoire dite « presse à lin » du Léon (Nord-Finistère), 1675.
Musée départemental breton de Quimper.

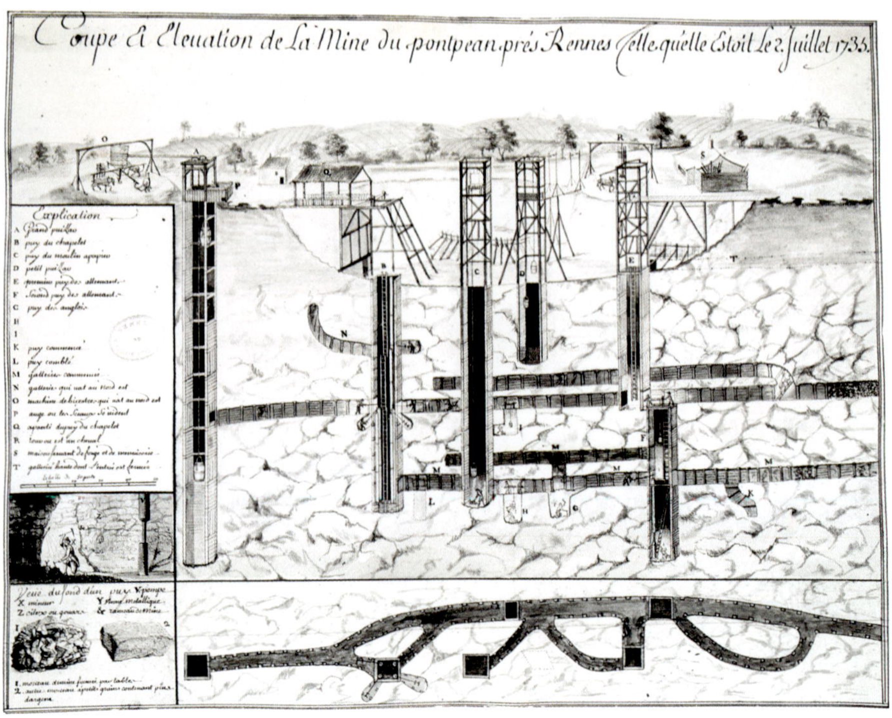

Planches extraites du manuscrit de Robien : les mines de plomb argentifère de Pontpéan (35), exploitées par le négociant malouin Danycan de l'Epine (vers 1730).
A leur apogée (XVIIIe-XIXe siècles), elles constituent le site de production le plus important d'Europe.
Musée de Bretagne, Rennes.

dans toute l'Europe du Nord. La métallurgie du fer est relancée par quelques grands seigneurs, détenteurs de forêts qui fournissent le combustible indispensable. C'est le cas des Rohan aux Forges des Salles (Côtes-d'Armor) ou des La Trémoille aux Forges de Paimpont.

Dans les campagnes, ici comme partout ailleurs, les cultures céréalières (froment, seigle, avoine) dominent. Le blé noir, sur lequel la dîme ne pèse pas, tient de ce fait une place de choix à la table des paysans. Mais l'autre mamelle du royaume, au dire de Sully (1641), le « pâturage », n'est pas en reste. Les chevaux bretons sont vendus en Normandie et en région parisienne. L'élevage laitier donne lieu à une large consommation de beurre (salé pour en assurer la conservation) dont le surplus est écoulé à l'extérieur. Alors que le vignoble tend à se replier vers le pays nantais, les pommiers s'implantent en Haute-Bretagne, qui prend goût au cidre. La diversité des productions permet aux ruraux de supporter les prélèvements seigneuriaux et d'écarter presque partout (sauf en Nantais) les risques de famine en palliant les aléas climatiques. Il y a toujours des mendiants sur les routes. Mais, les Bretons des XVIe-XVIIe siècles, moins pauvres et mieux nourris qu'ailleurs, sont, dans l'ensemble, « plus égaux » que d'autres sujets du roi.

La relative prospérité de la région tout au long des XVIe et XVIIe siècles permet à l'esprit de clocher de s'investir dans une somptueuse architecture monumentale. L'attachement identitaire des fidèles à leur paroisse rejoint le souci des autorités ecclésiastiques d'un encadrement pastoral plus efficace. Les rivalités interparoissiales donnent lieu une véritable course à qui aura le clocher le plus remarquable et l'intérieur de l'église le plus richement décoré. Le clocher et le porche sont financés par le « général » (c'est-à-dire l'assemblée générale des paroissiens qui élit les fabriciens), tandis que le chevet et le chœur sont à la charge du clergé. Autour de l'église, l'enclos paroissial délimite le placître au centre du bourg et démarque le sacré

Edifié entre 1580 et 1680, grâce aux ressources de l'industrie toilière, l'enclos paroissial de Guimiliau (Finistère) est un des plus complets de Bretagne : calvaire, porche, sacristie, chapelle funéraire.
Photo Daniel Mingant.

Lancé par la Réforme catholique au XVIIe siècle, le pèlerinage à Sainte-Anne-d'Auray (Morbihan) est encore aujourd'hui l'un des plus fréquentés de la région.
Photo Yvon Boëlle.

du profane. Un superbe exemple de ces enclos se trouve à Saint-Thégonnec, la plus riche paroisse toilière du Léon : en un siècle et demi (1587-1730), sont édifiés l'arc de triomphe, un nouveau clocher, le calvaire et l'ossuaire (le « reliquaire »). D'autres témoignages de ce patrimoine monumental à la croisée du sentiment religieux et de la vitalité économique se retrouvent à Guimiliau, Lampaul-Guimiliau, Pleyben, Sizun pour n'en citer que quelques exemples.

En outre, de nombreuses chapelles desservent les hameaux de Basse-Bretagne ; parfois même plus importantes que l'église paroissiale, celles-ci servent de points de ralliement aux habitants de ces trèves. Elles sont souvent le cadre d'un « pardon » annuel, pèlerinage à domicile, où les pratiques de dévotion sont traditionnellement associées à des festivités profanes (ripailles, beuveries, danses et bagarres). En réaction contre ces risques de débordements, le pèlerinage de Sainte-Anne-d'Auray est lancé en 1625 à la suite de la découverte miraculeuse d'une statue de la mère de la Vierge Marie. Son succès illustre le souci de l'Eglise post-tridentine de canaliser les manifestations de piété des fidèles. Tout au long du XVIIe siècle, la Réforme catholique est diffusée par des missionnaires dont les plus célèbres sont Michel Le Nobletz (1577-1652) et, à sa suite, le jésuite Julien Maunoir (1606-1683) qui structure efficacement les initiatives désordonnées de son prédécesseur. Pour toucher ses auditoires bretonnants, souvent illettrés, Michel Le Nobletz recourt notamment à des « tableaux de mission » (*taolennou*), sortes de catéchismes en bandes dessinées avant la lettre, qu'il charge de pieuses femmes de commenter. Mais, quand « le prêtre fou » (*ar beleg fol*) compose des cantiques en breton sur des airs de chansons légères sinon grivoises, l'évêque de

Léon, qui ne comprend pas la langue, interdit ces chants qu'il trouve scandaleux (jusqu'à ce qu'on les lui traduise). Pour sa part, Julien Maunoir, originaire de Haute-Bretagne, qui aurait d'abord souhaité être envoyé en mission au Canada, apprend la langue bretonne comme le font ses confrères jésuites pour évangéliser les Indiens dans leurs propres langues. La *Grammaire et syntaxe armorique* qu'il compose à cet effet marque la naissance du breton moderne. Par contre, l'effort de formation du clergé paroissial qui recueille, à terme, les fruits ces missions à grand spectacle, passe dorénavant par l'enseignement en français, ce qui a pour conséquence la contamination du *brezhoneg beleg* (« breton de curé ») par de nombreux emprunts à la langue dominante. Dès les premières décennies de la seconde moitié du XVIIe siècle, alors que la Réforme catholique bat son plein, on observe une chute, plus ou moins brutale, du montant des offrandes faites par les fidèles aux fabriques paroissiales. Cela constitue un indice probant de la baisse du niveau de vie des populations rurales, conséquence inéluctable du retournement de tendance qui frappe la région à la fin du « siècle de Louis XIV ».

Ces *taolennou* (« cartes » sur peau de mouton) établis sur les directives de Michel Le Nobletz (vers 1620-1630) servaient de support à l'enseignement religieux. A gauche, plus pédagogiques, les « tableaux » pour retraitants diffusés par le jésuite vannetais Vincent Huby (vers 1670) ont été adaptés et utilisés jusqu'au milieu du XXe siècle.

Evêché de Quimper.

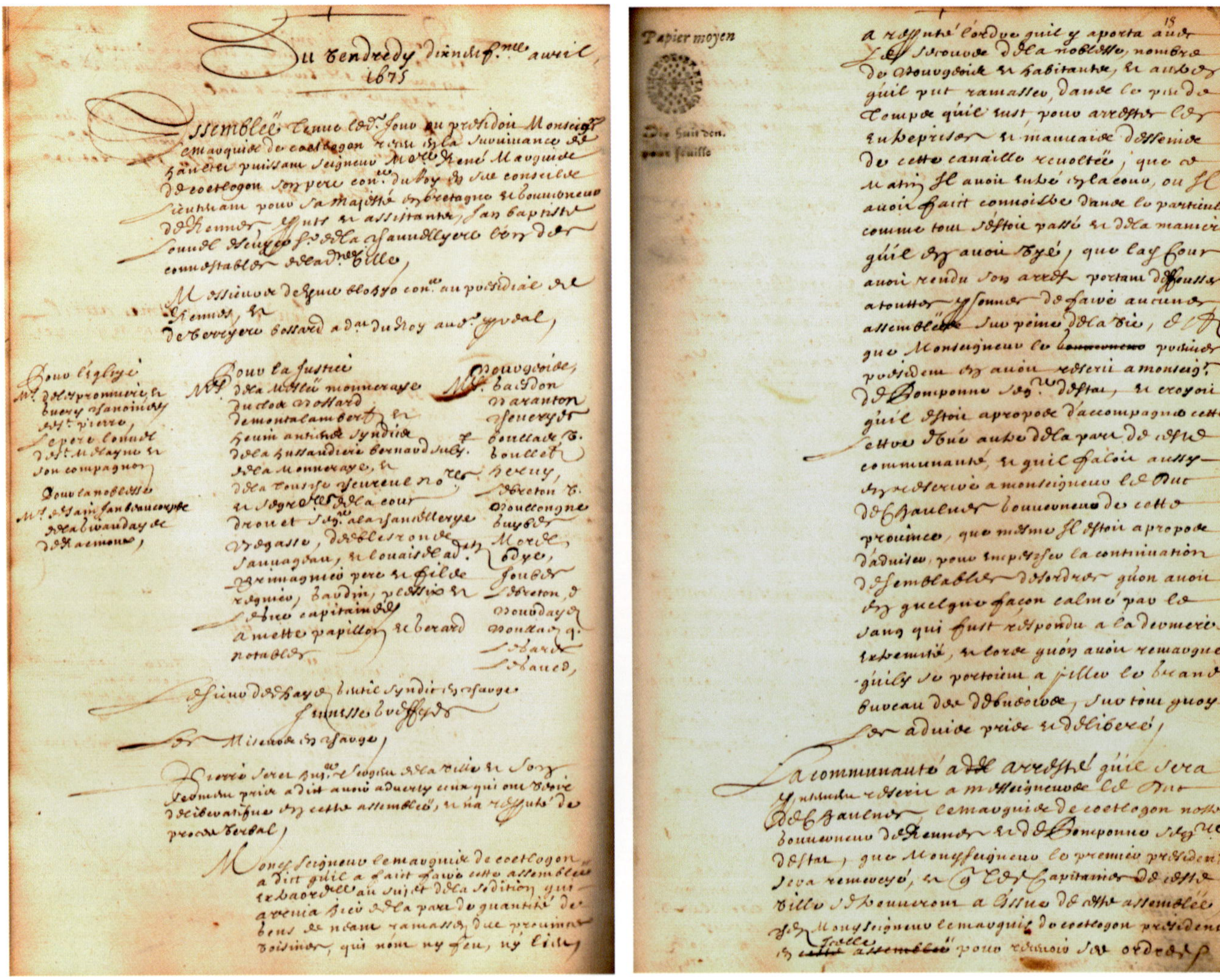

Exemplaire de « papier timbré », revêtu du timbre de l'Etat, exigé pour les actes de justice et les actes notariés.
Archives municipales de Rennes, BB 561.

La Bretagne des Lumières

« Les vaisseaux des marchands de Saint-Malo, protégés par les escadres du roi, viennent d'apporter seize à dix-sept millions de livres. Prétendre qu'une province qui reçoit en son dedans des sommes en espèces si considérables n'ait point de commerce et que l'argent y soit rare, c'est vouloir persuader qu'il fait nuit en plein jour [...] Voilà de quoi répondre aux déclarations de misère que l'on pourra faire », écrit Colbert en 1673 alors que, pour obtenir une réduction du montant du « don gratuit » réclamé par le roi, les États invoquent la « misère » de la Bretagne, causée par la guerre contre les Provinces-Unies (1672-1678) et les édits royaux. Même si les nobles qui emploient cet argument voient surtout leur propre intérêt, c'est pourtant l'analyse du contrôleur général des Finances qui est à courte vue. Deux ans plus tard, à l'occasion de la révolte du Papier timbré, le marquis de Lavardin, lieutenant général en Bretagne, assure à Colbert que « la misère [de la province] est plus grande qu'on ne croit, le commerce n'allant point ». A terme, en effet, l'équilibre instable entre les campagnes et les villes portuaires qui a favorisé jusqu'alors l'expansion de la province est ébranlé par plusieurs décennies de conflits internationaux et aggravé par le protectionnisme de Colbert. La croissance pratiquement généralisée dans le reste du royaume au cours du XVIIIe siècle rend d'autant plus sensible, par contraste, la stagnation de la situation en Bretagne sinon sa dégradation.

Les révoltes qui éclatent dès le printemps 1675 sont d'autant plus symptomatiques du retournement de la conjoncture qu'elles n'ont pas d'équivalent ailleurs à la même époque. Dans une province présentée comme un « modèle d'obéissance » et sous un roi « au pouvoir considéré comme absolu » (A. Croix), la taxation du papier timbré (qui sert à l'enregistrement des actes officiels - 1673), du tabac et de la vaisselle d'étain (1674) catalyse les mécontentements. A Rennes, la nouvelle d'une émeute intervenue à Bordeaux met le feu aux poudres. Le 3 avril, en l'absence du duc de Chaulnes, gouverneur de la province, des manifestants saccagent les bureaux de perception. Avec la complicité tacite des autorités locales, et notamment du Parlement, les émeutes s'étendent à d'autres villes dans les semaines qui suivent : Nantes, Dinan, Guingamp, Saint-Malo (où l'évêque prend la précaution d'attendre le départ des terre-neuvas pour faire appliquer les édits sur le tabac). Durant l'été, l'insurrection s'étend aux campagnes de Basse-Bretagne. Au son du tocsin, circulent des rumeurs infondées sur l'instauration prochaine de la gabelle. Le soulèvement, antifiscal au départ, prend en outre ici une coloration antiseigneuriale que le duc de Chaulnes dénonce lucidement à Colbert dès le 30 juin : « Il est certain que la noblesse a traité fort rudement les païsans ; ils s'en vengent présentement. » Au rythme des travaux agricoles, les Bonnets rouges (ou bleus – coiffures habituelles des paysans et des marins) multiplient les attaques de châteaux, de bureaux et de couvents. Ils s'organisent et se donnent des chefs comme Sébastien Le Balp, notaire royal de Kergloff, en Poher (autour de Carhaix). Ils rédigent des « codes », qui préfigurent les cahiers de doléances en revendiquant la « liberté armorique » et l'égalité entre « gentilshommes » et « nobles habitants » (c'est-à-dire le peuple) des paroisses de Cornouaille. Début septembre, l'assassinat de Le Balp au château de Tymeur en Poullaouen marque la fin de la révolte. Depuis Port-Louis, le duc de Chaulnes reprend le contrôle des opérations en s'appuyant sur des missionnaires zélés – dont le père Maunoir – et sur les troupes de dragons cantonnées chez l'habitant comme en pays ennemi. La répression est sévère, mais sélective. Pour l'exemple, plusieurs dizaines de meneurs sont exécutés. Des peines de galères ou de bannissements et des amendes collectives sont prononcées. Tandis qu'à Rennes, le faubourg de la « rue Haute » (rue Saint-Malo) est évacué et le tiers des maisons détruites, en pays

Gravure de René-Yves Creston (vers 1940). Armés de leurs faux, les « Bonnets rouges » (têtes nues ou coiffés de chapeaux ronds) sont menés par un chef, qui, l'épée à la main, brandit le « Code paysan ».
Musée de Bretagne, Rennes.

Eglise de Lambour en Pont-l'Abbé (Finistère) dont le clocher a été décapité pour avoir sonné le tocsin en 1675 afin de rallier les insurgés du Cap-Caval.
Photo Daniel Mingant.

bigouden, l'arasement des clochers est durement ressenti par les paroisses les plus compromises. Surtout, le Parlement, suspect d'avoir attisé les troubles, est exilé à Vannes. Afin d'« apprivoiser la province » (Saint-Simon), Versailles installe en 1689 à Rennes, avec un demi-siècle de retard sur la Normandie voisine, un « commissaire » pour l'exécu-

Jeton de présence remis à titre de gratification aux participants des états de Bretagne (Rennes, 1746).
Musée de Bretagne, Rennes.

tion des ordres du roi qui prend officiellement le titre d'intendant dix ans plus tard.

Sous la Régence de Philippe d'Orléans (1715-1723) durant la minorité de Louis XV, l'alourdissement de la pression fiscale suscite de vigoureuses contestations de la part des représentants de la noblesse aux États soutenus par les parlementaires revenus à Rennes depuis 1690 et à qui le Régent vient de restituer leur droit de remontrances. Tandis que plusieurs centaines de nobles ruraux souscrivent à un Acte d'Union proclamant « les droits et privilèges de la province de Bretagne et les prérogatives de la noblesse », une poignée de conjurés fomentent un soulèvement anachronique qui, sous certains aspects, évoque la Fronde nobiliaire, voire les désordres de la Ligue. Cette conspiration traduit les frustrations des petits nobles bretons, exaspérés par les « gens d'affaires » et nostalgiques du « temps de la duchesse Anne et de leurs privilèges », comme l'écrit le maréchal de Montesquiou, commandant en chef en Bretagne. La conjuration est rapidement éventée et Pontcallec est décapité à Nantes (1720) ainsi que trois de ses compagnons après un procès d'exception. L'événement

Louis-René de Caradeuc de La Chalotais, procureur général du Parlement de Bretagne.
Musée des Beaux-Arts de Rennes, photo RMN.

n'aurait qu'une portée anecdotique si la mémoire du marquis, enjolivée par la tradition, n'avait pas été célébrée dans la *gwerz Marv Pontkalleg* (« La mort de Pontcallec ») recueillie au XIXe siècle dans le *Barzaz Breiz* et si Bertrand Tavernier n'avait pas mis en exergue, dans son film *Que la fête commence* (1975), cet épisode de la Régence.

L'aristocratie continue de mettre ses privilèges en avant et de présenter ceux-ci comme la garantie des « libertés bretonnes » face à l'implication accrue de l'administration royale (intendants et commandants en chef) dans la vie politique de la province. A mesure que le pouvoir central cède du terrain, une ébauche de décentralisation se fait jour, dirigée à partir de 1752 par une Commission intermédiaire, véritable administration parallèle, qui maîtrise les levées fiscales et contrôle la plupart des services publics au nom des États de Bretagne. Toutefois, jusqu'au milieu du XVIIIe siècle, dans leurs affrontements avec les pouvoirs locaux, les représentants de la monarchie parviennent le plus souvent à éviter la collusion entre les États et le Parlement en attisant les rivalités entre la noblesse d'épée et la riche aristocratie parlementaire. Tant que les États tournent d'une ville à l'autre alors qu'à Rennes les parlementaires tiennent le haut du pavé, les distances géographiques s'additionnent aux décalages sociologiques pour faire obstacle au rapprochement entre ces deux forces d'opposition. Mais, afin d'épargner aux représentants du roi des déplacements compliqués, les États se rassemblent de plus en plus fréquemment au chef-lieu de la province. C'est précisément la collusion entre ces deux oppositions qui constitue le ressort de l'« affaire de Bretagne » (1764-1774), parfois présentée anachroniquement comme une manifestation de nationalisme breton. La petite noblesse terrienne arc-boutée sur le « Bastion » qui, aux États, se refuse à toute réforme de la fiscalité rencontre en la circonstance l'appui du Parlement impliqué, au nom du système des « classes parlementaires », dans le soulèvement des parlements du royaume contre Louis XV. L'affaire s'envenime ici par suite de l'incompatibilité d'humeur entre le commandant en chef de la province, le duc d'Aiguillon (1720-1788), administrateur compétent mais ambitieux, et le procureur général du Parlement Louis-René de Caradeuc de La Chalotais (1701-1785), aristocrate des Lumières qui correspond entre autres avec Voltaire. Remontrances au gouvernement, convocation des contestataires à Versailles, démission collective des parlementaires, emprisonnement du procureur général, remplacement du commandant en chef marquent les étapes d'un long conflit qui trouve un retentissement

dans tout le royaume. Le bras de fer ne s'apaise qu'après le décès de Louis XV (1774). Les concessions du nouveau roi Louis XVI (1774-1791) consacrent, en apparence, la victoire de la noblesse. « Nous triomphions de la cour dont tout le monde triomphait, et nous tombions avec elle dans un même abîme », témoignent lucidement, *a posteriori*, les *Mémoires d'outre-tombe* de Chateaubriand. En effet, crispée sur ses prérogatives dans le contexte de la crise de l'Ancien Régime, l'aristocratie ne peut plus prétendre défendre les intérêts de l'ensemble de la population.

Ci-dessus :
Après quarante ans de restauration, la citadelle du Palais à Belle-Ile-en-Mer (Morbihan), transformée en « hôtel-musée » au début du XXIe siècle, fournit une belle illustration d'un système défensif « à la Vauban ».
Photo Bruno Barbier.

Ci-dessous :
Le « Fort National », construit en 1689 à Saint-Malo (Ille-et-Vilaine) par Garengeau d'après les plans de Vauban.
Photo Edouard Maret.

En 1785, l'intendant Bertrand de Molleville constate que la province reste celle où les impôts sont les moins élevés. Tous ont à craindre la remise en cause des privilèges dont jouit la province, mais, à la veille de la convocation des États généraux, le mécontentement de la bourgeoisie urbaine, fer de lance du tiers état, devant la répartition inégalitaire de l'impôt entretient un climat de « guerre civile larvée » (R. Dupuy).

En effet, la Bretagne n'a pas autant bénéficié que d'autres provinces de la croissance pratiquement généralisée dans le reste du royaume au cours du XVIIIe siècle. Durant presque un siècle et demi, une « seconde guerre de Cent Ans » (1689-1815) oppose la France aux deux principales puissances maritimes du temps, les Provinces-Unies et l'Angleterre. Dès lors, la péninsule qui tirait parti auparavant de sa situation au carrefour du commerce international et de son éloignement des champs de tensions européens s'est retrouvée en première ligne. Pendant toute cette période, les Bretons représentent à peu près le tiers des effectifs de la « Royale » (la marine de guerre). Le programme de fortification de cette nouvelle « frontière maritime » du royaume s'articule sur Brest dont Vauban (1633-1707) fait une grande place militaire et sur Saint-Malo dont, son disciple, Siméon de Garangeau (1647-1741) poursuit les aménagements défensifs. Ce dispositif se double, après 1753, de l'établissement par le duc d'Aiguillon d'un réseau routier stratégique qui contribue à désenclaver les villes et une partie des campagnes littorales. Cet effort militaire apporte un surcroît d'activité à l'économie locale. Il entraîne le développement urbain de Brest et dans une moindre mesure de Lorient. Ces deux ports tirent également profit du dynamisme du commerce maritime. Les guerres, en effet, n'entravent pas le commerce. Rien n'empêche, en effet alors, les armateurs de continuer de s'assurer à Londres. En cas de prise, les contrats prévoient le transfert des droits sur la cargaison à l'assureur qui, en retenant sa commission, dédommage l'assuré.

« Le port de l'Orient vu du quai de la machine à mâter ».
Gravure de Nicolas Ozanne (1776), dessinateur de la marine, à la demande de Louis XVI.
Musée de la Compagnie des Indes de Lorient.

Jusqu'à sa dissolution en 1769, la Compagnie des Indes orientales, dont le siège est à Lorient, importe du thé et des porcelaines d'Extrême-Orient. Par contre, Saint-Malo qui connaît son apogée vers 1700 grâce au commerce avec la Méditerranée et l'Empire espagnol s'adapte plus difficilement que ses concurrents aux mutations économiques du XVIIIe siècle. « Cette place est très utile [au roi, écrivait Vauban], en paix parce qu'elle fait le plus grand commerce du royaume, et en guerre par la course qu'elle exerce vigoureusement sur les ennemis. » Durant les

En haut :
Magasins de la Compagnie des Indes à Pondichéry (l'Amirauté et la maison du gouverneur).
Musée de la Compagnie des Indes de Lorient.

Ci-contre :
Porcelaine de Chine (vers 1740).
Musée de la Compagnie des Indes de Lorient.

conflits, la « cité corsaire » met en quelque sorte la « force de vente » de ses armateurs à la disposition de l'Etat. La course est une « loterie » (A. Lespagnol) qui fait beaucoup de perdants. Mais il y a quand même des gagnants, puisqu'on estime qu'elle a rapporté au moins autant que la pêche à Terre-Neuve au cours du XVIIIe siècle. Figure emblématique du corsaire malouin, René Duguay-Trouin (1673-1736) est l'exception qui confirme la règle. Il incarne, en effet, la « grande course » qui, ne serait-ce que parce qu'elle suppose des mises hors du commun, n'est pas la pratique la plus courante. Les lettres de noblesse que lui confère Louis XIV en 1709 le félicitent d'avoir capturé plus de deux cents vaisseaux de guerre et de trois cents navires marchands. « Mes armateurs gagnèrent 20 pour un », peut-il se vanter dans ses *Mémoires*. Son expédition contre Rio qu'il rançonne lourdement (1711) rapporte 100 % à ses commanditaires. « Continuation du commerce par d'autres moyens », la course rend possible le commerce interlope avec les colonies espagnoles sans passer par Cadix. Elle permet aussi les relations avec les Antilles, le commerce des mers du Sud et les expéditions vers les Indes. Moteur efficace d'accumulation du capital, elle contribue paradoxalement à l'essor d'autres ports où celui-ci est réinvesti. Habitués aux gros coups, les Malouins se laissent progressivement dépasser par l'établissement des nouveaux circuits commerciaux et laissent ainsi passer leur chance dans le commerce des Iles qui fait la fortune de Nantes. Celle-ci, seulement devancée par Bordeaux et Marseille, voit sa population doubler (40 000 à 80 000 habitants) au cours du siècle. Plus de deux cents armateurs y font fortune grâce, en partie, au commerce triangulaire et à la traite négrière, responsable de la déportation aux Antilles de 400 000 à 500 000 esclaves africains. Cette activité ne représente pourtant qu'un cinquième du tonnage nantais. Elle permet toutefois des investissements dans d'autres secteurs qui multiplient les profits, notamment, à partir de 1759, dans la production des « indiennes » (70 % des cotonnades peintes du royaume à la veille de la Révolution).

Portrait de René Duguay-Trouin, célèbre corsaire malouin.
Musée d'Histoire de Saint-Malo.

Ci-contre :
Indienne : vision idyllique des « bons sauvages » peinte sur tissu de coton.
Musée du château des ducs de Bretagne de Nantes. Photo Ville de Nantes.

Ci-dessus :
Nantes (Loire-Atlantique) : mascaron sur un immeuble de l'île Feydeau, quartier des armateurs.
Photo Eric Milteau.

En haut à droite :
Promulgué par Louis XIV en 1685 (l'année de la révocation de l'édit de Nantes) et révisé en 1724 (en supprimant, entre autres, les articles de la version précédente concernant la pratique de la religion réformée), le *Code noir* (ici, l'édition de 1742) prétend réglementer la *« discipline et le commerce des nègres et esclaves »* dans les colonies. En pratique, son application demeure à la discrétion des planteurs et des propriétaires.
Musée du château des ducs de Bretagne de Nantes.
Photo Ville de Nantes.

Les immeubles du quartier Graslin, de l'île Feydeau ou du quai de la Fosse témoignent de la réussite des négociants nantais de même que les « folies » qu'ils font construire dans les faubourgs urbains à l'instar des « malouinières » édifiées par les armateurs dans la campagne environnante de Saint-Malo.

Le XVIIIe siècle marque l'apogée du commerce atlantique breton. Mais ces villes portuaires en pleine expansion se situent à la périphérie de la Bretagne. La stagnation économique de la province se répercute davantage à Rennes qui se cantonne dans ses fonctions administratives et judiciaires. L'activité du Parlement fait vivre tout un milieu d'avocats, d'huissiers et d'hommes de loi. A la suite de l'incendie de 1720 qui, en six jours, a détruit environ le tiers de la ville, les quartiers du centre sont remodelés selon les critères de l'urbanisme du XVIIIe siècle. La noblesse parlementaire (10 % de la population rennaise à la veille de la Révolution), dont les hôtels se trouvent dans la partie épargnée par le feu, se donne à voir au Thabor, sur la place Royale ou sur celle du Parlement. Le transfert de Nantes à Rennes, en 1735, de

La malouinière du Bosc à Quelmer (Saint-Malo), en bord de Rance, a été construite en même temps (1717) et sur le même modèle que d'autres « maisons de plaisance » des armateurs malouins, comme La Chipaudière et La Balue. La rotonde du perron, ornée de bustes en marbre blanc d'Italie évoquant les saisons, fait ressortir la rigueur quasi militaire de son architecture influencée par Garangeau.
Photo Yvon Boëlle.

la faculté de droit achève de faire de cette ville une cité de « robins ». L'écart se creuse entre villes et campagnes et la société bretonne est de plus en plus fortement contrastée. La population passe de 2 millions d'habitants à la fin du XVIIe siècle à 2,2 millions en 1790 ; mais cette augmentation est inférieure à la moyenne du royaume et, de plus, elle est très irrégulière, puisque les vingt dernières années du XVIIIe siècle se soldent par une perte d'une centaine de milliers d'habitants. Le nombre des pauvres augmente jusqu'à représenter environ le quart de la population rurale dans une région où domine la petite propriété. La chute démographique, la hausse des prix, le déclin des exportations de toiles vers l'Amérique se conjuguent aux mauvaises récoltes de l'hiver 1785-1786 pour alourdir un bilan déjà mitigé.

Ci-dessus : **Le Parlement de Bretagne, qui avait échappé à l'incendie de 1720, a brûlé en février 1994.**
Epargné par les flammes et minutieusement restauré, le plafond à caissons de la Grand'chambre, conçu par Charles Errard († 1689) et réalisé par son élève Noël Coypel (1628-1707), est un magnifique témoignage du grand décor allégorique à la française du XVIIe siècle.
Musée de Bretagne, Rennes.

En haut : **Incendie de Rennes (1720).**
Musée de Bretagne, Rennes.

Dessin préparatoire au célèbre tableau de J.-L. David, « Le serment du Jeu de paume ». Au premier plan, les mains jointes, le père Gérard est figuré conformément à l'image qu'a diffusée de lui l'Almanach de Collot d'Herbois.
Versailles, châteaux de Versailles et de Trianon, photo RMN.

La Révolution et l'Empire en Bretagne

(« Le fédéralisme et la superstition parlent breton », Barrère - 1755-1841.)

On a pu écrire que Rennes était le « berceau de la liberté », puisque c'est là qu'aurait commencé la Révolution. La crise économique et l'attachement de la noblesse à ses prérogatives ont exacerbé les conflits sociaux. Le 27 janvier 1789, à la suite de deux journées de manifestations, une échauffourée devant le parlement entre des gentilshommes retranchés jusque-là dans le couvent des Cordeliers où siégeaient les États et des étudiants en droit partisans des idées nouvelles fait plusieurs dizaines de blessés et laisse trois morts sur le pavé. Estimant qu'il revenait aux États de Bretagne de désigner les représentants de la province et faute d'avoir pu obtenir satisfaction, les nobles s'abstiennent de participer aux élections des députés aux États généraux que le roi Louis XVI a convoqués à Versailles pour le 1er mai 1789. C'est ainsi que la bourgeoisie monopolise les responsabilités politiques et administratives. Ici comme ailleurs, elle canalise les aspirations des populations rurales en faisant circuler des modèles de cahiers de doléances et présidant nombre d'assemblées électorales. Sur les quarante-quatre députés du tiers état que la Bretagne envoie à Versailles, les trois quarts sont des citadins et les quelques ruraux sont des *juloded* (paysans de Basse-Bretagne enrichis dans le commerce des toiles) ou de gros fermiers, dont le père Gérard, élu de Saint-Martin-des-Vignes aux environs de Rennes, remarqué à son arrivée à Versailles par Louis XVI qui l'accueille paternellement d'un « Bonjour, mon bonhomme » qui lui vaut un début de célébrité. Il doit surtout celle-ci à l'*Almanach* rédigé sous son nom par Collot d'Herbois (1750-1796) afin de populariser dans les campagnes la Constitution adoptée par l'Assemblée le 3 septembre 1791. L'ouvrage connaît un tel succès que, dès 1792, il en paraît deux traductions en breton, mais aussi en provençal et en flamand (et même en allemand et en anglais).

Les députés bretons ont pris l'habitude de se concerter lors des tenues des États provinciaux et ils sont en correspondance avec un réseau serré de sociétés patriotiques. Ils s'organisent dès leur arrivée à Versailles en fondant un Club breton qui, en s'ouvrant largement aux députés des autres ordres et des

Ce tableau, exécuté en 1792, commémore l'origine versaillaise et bretonne du Club des jacobins.
Sous le bonnet phrygien, une sentinelle postée devant la porte du Club breton que surmonte le drapeau tricolore accueille Théroigne de Méricourt († 1817) que les féministes revendiquent comme l'une de leurs ancêtres.
Musée de Bretagne, Rennes.

autres régions, est à l'origine du club des Jacobins. Ils jouent un rôle décisif dans les débuts de la Constituante, notamment à l'occasion de la nuit du 4 août 1789. Sous la présidence de l'avocat rennais Isaac Le Chapelier, député du tiers état, l'Assemblée proclame l'abolition des privilèges (dont ceux des provinces). De ce fait, le traité d'Union de 1532 est aboli sans trop de récriminations, au motif qu'une « constitution nationale et la liberté publique » seront « plus avantageuses [aux provinces] que les privilèges dont quelques-unes jouissaient » [article 10] et qui bénéficiaient surtout à la noblesse. Dans la foulée, comme ailleurs dans le royaume, le Parlement et les États de Bretagne sont supprimés

Carte de la Bretagne divisée en cinq départements (1790).
Musée de Bretagne, Rennes.

en novembre 1789. Mais la création de cinq départements (dont le découpage reflète les tractations d'intérêts entre les villes les mieux représentées à l'Assemblée) s'inscrit dans les limites de la province qu'ils sont destinés à remplacer.

Pas plus en Bretagne qu'ailleurs, la nuit du 4 Août n'a résolu la question paysanne. Dans les premiers temps, par hostilité à l'encontre des agents seigneuriaux, les campagnes se montrent dans l'ensemble favorables à la Révolution. C'est pourquoi, la paysannerie ne bronche pas lorsque le marquis de La Rouërie (1750-1793), ancien héros de la guerre d'Indépendance américaine, entreprend d'organiser, en liaison avec les princes émigrés en Allemagne, une conjuration contre-révolutionnaire. L'Association bretonne, qui préparait le retour à l'Ancien Régime, est démantelée au printemps 1792. Toutefois, progressivement, le fossé se creuse de plus en plus profond entre les populations rurales et la bourgeoisie urbaine. Les attaques de châteaux, fréquentes en 1790-1791 surtout en Haute-Bretagne, qui provoquent l'intervention des gardes nationaux (parfois d'un bourg voisin), s'en prennent aussi aux domaines ruraux des riches citadins. L'augmentation des impôts, conséquence de l'abolition des privilèges, entretient un climat de mécontentement diffus. L'attachement des paroissiens à leur clergé, en grande partie « réfractaire » au serment à la Constitution de 1791, se retourne contre les prêtres

« constitutionnels », souvent installés avec l'appui des gardes nationaux. Mais c'est la levée de 300 000 hommes par la Convention en mars 1793 pour défendre la patrie en danger qui met le feu aux poudres. La révolte paysanne provoquée par le tirage au sort des célibataires de 18 à 45 ans (dont sont dispensés les notables républicains) s'étend d'autant plus facilement que c'est la morte-saison et que les paysans sont disponibles pour participer au mouvement. De plus, les patriotes convaincus sont déjà engagés aux frontières dans les armées de la République.

Au sud de la Loire, le soulèvement participe à la guerre de Vendée, encadrée par la noblesse locale. Après son échec devant Nantes en juin 1793 et sa défaite à Cholet (octobre 1793), l'Armée catholique et royale entreprend la « Virée de galerne » en direction de Granville avec pour objectif de faire sa jonction avec la marine britannique et les émigrés. Mais l'expédition se solde lamentablement par l'écrasement des Vendéens par les troupes républicaines du général Westermans à Savenay en décembre 1793. A Nantes, le représentant en mission Jean-Baptiste Carrier (1756-1794), envoyé par la Convention, entreprend de « sans-culottiser » la ville en organisant des exécutions en série qui font des milliers de victimes en quelques mois. L'insurrection généralisée ne s'étend pas au nord de la Loire. Tandis que certains secteurs restent attachés à la République, dans d'autres zones, les chouans (dont le surnom dérive

« Les Chouans », tableau de Charles Fortin (1853) : représentation pittoresque de la chouannerie.
Une femme prépare des galettes à un groupe de chouans terrés dans une cabane. Près de la porte, deux d'entre eux se tiennent en sentinelle tandis qu'au fond, un autre fait signe à un prêtre de se cacher.
Musée des Beaux-Arts de Lille, photo RMN.

sans doute du cri de la chouette hulotte – ou chat-huant – qui leur sert de signe de reconnaissance) mènent une guérilla très dispersée qui dérape parfois en brigandages. Certains chefs de la chouannerie sont des nobles, mais d'autres viennent de la paysannerie. Parmi ceux-ci, Georges Cadoudal

Georges Cadoudal (1771-1804).
Gravure du XIXe siècle.
Collection C. Le Corre.

(1771-1804), qui chouanne en Morbihan, incarne le type même du *cloarec*. On désigne ainsi, en breton, un jeune villageois passé par le séminaire que son instruction désigne comme porte-parole des siens face à la noblesse. Fils d'agriculteur aisé, formé par les jésuites de Vannes, il a participé du côté des « jeunes gens » aux journées de janvier 1789 à Rennes. La Constitution civile du clergé, puis la levée en masse le font changer de camp : il se retrouve impliqué dans tous les épisodes de la chouannerie jusqu'à son exécution en 1804, à la suite d'un ultime complot contre Napoléon. D'accrochages (sanglants de part et d'autre) en négociations de paix, ces bandes plus ou moins autonomes tentent de faire leur jonction avec l'armée des émigrés que la flotte britannique fait débarquer à Quiberon (25 juin 1795).

Les mésententes entre officiers royalistes et chefs chouans donnent une victoire écrasante à Hoche, le nouveau commandant en chef de l'Ouest. Les troubles persistent cependant jusqu'à ce que Bonaparte rétablisse l'ordre en associant au Concordat signé avec le pape (1801) des mesures de tolérance doublées d'une imposante présence de l'armée de l'Ouest.

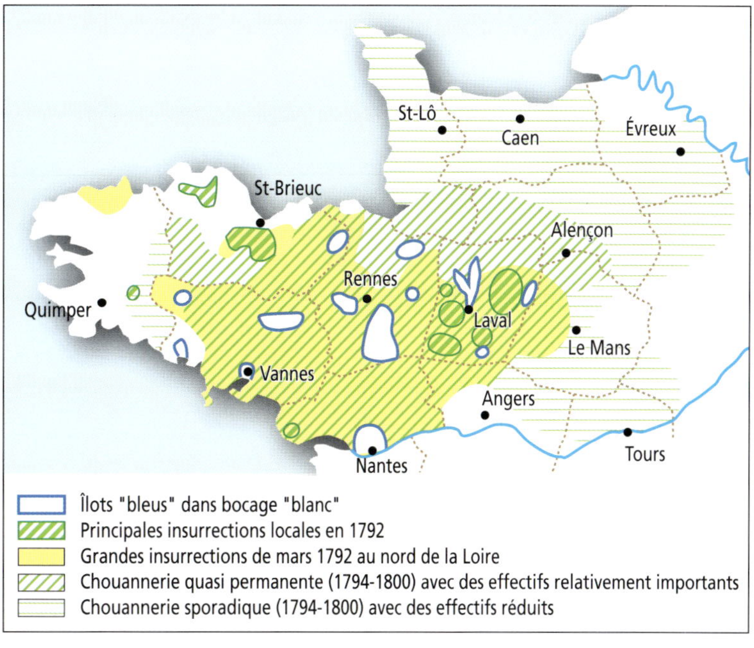

En haut :
« La bataille de Quiberon ».
Tableau de Jean Sorieul (1850).
Musée d'Art et d'Histoire de Cholet, photo René Golder-Cholet.

Ci-contre :
Les territoires de la chouannerie : 1792-1799
Cartographie P. Mérienne, d'après R. Dupuy, 1982.

A.-L. Garneray, « Prise du Kent » par la *Confiance* de Robert Surcouf (1800).
Musée d'Histoire de Saint-Malo.

Page de droite en bas : **De Gouarec (Côtes-d'Armor) à Pontivy, le canal de Nantes à Brest (ouvert en 1838) emprunte les gorges du Blavet.**
Musée de la Batellerie, Redon.

Juxtaposée à la ville médiévale de Pontivy, une nouvelle sous-préfecture baptisée Napoléonville se veut la vitrine administrative et militaire du régime dans un arrière-pays encore peu sûr. En fait, la mise en chantier, à partir de 1804, du canal de Nantes à Brest dont le percement va prendre une quarantaine d'années ne répond pas à l'urgence de la situation. Conséquence directe de la reprise du conflit avec la Grande-Bretagne, le Blocus continental (1806-1814) frappe sévèrement le commerce maritime. L'escadre de Brest est bloquée dès 1802 alors que Nantes a déjà subi le fléchissement du commerce antillais à la suite de la révolte des Noirs de Saint-Domingue qui aboutit à l'indépendance d'Haïti (1804). Armé par le malouin Robert Surcouf (1773-1827) à la reprise des hostilités, le nom du trois-mâts *Le Revenant* (1807-1808) sur lequel celui-ci reprend la guerre de course dans l'océan Indien à partir de l'île de France (île Maurice) annonce la fin d'une aventure collective marquée par davantage d'exploits qu'elle n'a rapporté de profits. L'enchaînement des défaites militaires de Napoléon après 1808 entraîne l'appel à l'armée de nombreux conscrits, si bien que les paysans se détournent d'un régime impérial qui avait été adopté avec réticence. Somme toute, en dépit des réformes introduites par la Révolution, la Bretagne cumule les handicaps pour aborder les mutations du XIXe siècle qui s'annoncent. Dépouillée du cadre provincial qui, tant bien que mal, avait longtemps permis de contrer les visées centralisatrices de l'absolutisme royal, elle a été reportée à la périphérie de l'espace national par les choix stratégiques de la politique continentale de Napoléon. Les violents affrontements entre « Bleus » (partisans de la République) et « Blancs » (adversaires, pour divers motifs, de la Révolution) ont provoqué des failles profondes et ont plaqué durablement sur la région l'image d'une contrée réactionnaire figée dans ses traditions.

Ci-dessus : **Napoléonville – Pontivy (Morbihan).** Cartopole de Baud.

Le Petit Journal

TOUS LES JOURS
Le Petit Journal
5 Centimes

SUPPLÉMENT ILLUSTRÉ
Huit pages : CINQ centimes

TOUS LES DIMANCHES
Le Supplément illustré
5 Centimes

Cinquième Année — LUNDI 19 MARS 1894 — Numéro 174

DÉPART DES PÊCHEURS D'ISLANDE

De la Bretagne pittoresque à la Bretagne du XXIe siècle

Au XIXe siècle, la Bretagne à l'ombre de l'église et du château

Durant le XIXe siècle, la Bretagne n'a plus d'existence officielle. Administrativement, il n'y a plus que cinq départements où les préfets sont chargés avant tout par la capitale d'assurer la paix intérieure. La politique continentale des gouvernements successifs donne la priorité aux frontières de l'Est sur la façade maritime du pays. Ruiné par les guerres de la Révolution et de l'Empire, le commerce atlantique ne retrouve pas son importance antérieure une fois la paix rétablie. Désormais interdite à la suite de sa dénonciation par le congrès de Vienne (1815), la traite négrière sur laquelle reposait une partie de l'économie bretonne à la fin du XVIIIe siècle, est condamnée à moyen terme, même si elle se poursuit encore illégalement pendant une dizaine d'années. De plus, jusqu'à la conclusion du traité de « libre-échange » entre Napoléon III et l'Angleterre (1860), les droits de douane continuent d'entraver le commerce international. Le cabotage prend le relais de la traversée océane. Il représente jusqu'à 60 % du mouvement portuaire de Nantes avant que le long cours ne reparte pour quelques décennies, notamment en direction de l'île de la

Page de gauche :
Dans la vague du succès du roman de Pierre Loti *Pêcheur d'Islande* (1886), la presse célèbre le mythe des « Islandais ».
Collection N. Cazeils.

Après le rachat par l'administration des chemins de fer de l'Etat de la Compagnie des chemins de fer de l'Ouest (1908), cette affiche fait la promotion du port de Saint-Malo, porte de la Côte d'Emeraude.
Cartopole de Baud.

Châteaulin (Finistère) : clocher de l'église Notre-Dame au premier plan ; au fond, le viaduc de Kerlobret sur la ligne Nantes-Quimper-Landerneau construite par la Compagnie d'Orléans en 1864.
Cartopole de Baud.

Réunion qui approvisionne les raffineries de sucre de canne (qui s'efface devant la betterave à la fin du siècle). C'est aussi le cabotage qui occupe au milieu du XIXe siècle la quasi-totalité des navires de Brest (95 %), port militaire ruiné par le Blocus et qui ne survit que grâce à l'arsenal et à la présence du bagne (jusqu'en 1852). Mais le transport marchand le long des côtes n'est pas en mesure de résister longtemps à la concurrence des voies ferrées.

L'arrivée du chemin de fer bouleverse l'économie bretonne. Afin de ne pas faire double

Femmes au travail dans une conserverie d'Audierne (Finistère).
Collection N. Cazeils.

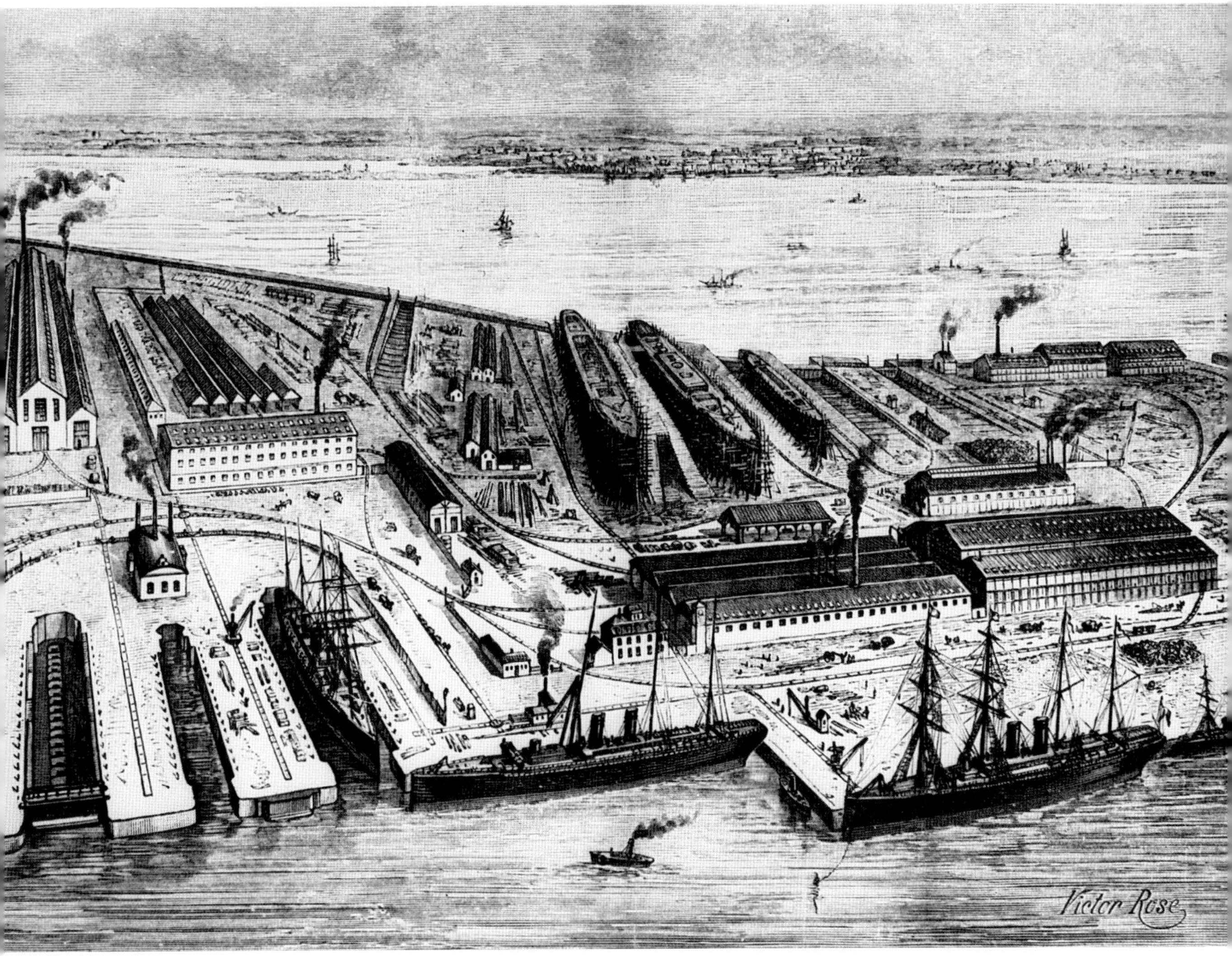

emploi avec le canal de Nantes à Brest récemment achevé, les premières lignes contournent le centre de la péninsule : Paris-Nantes (1851) ; Paris-Rennes (1857) ; Paris-Brest (1865). Les besoins en métal des compagnies de chemin de fer commencent par relancer la vingtaine de forges en activité qui produisent 21 000 tonnes de fonte en 1835. Mais le sursis est de courte durée à cause de la concurrence de l'acier lorrain et de la fonte au coke anglaise. « La Bretagne ne pourra plus jamais être une région de manufacture comme elle l'a été », prévoit lucidement. Adolphe Trollope (1815-1882) dans son *Journal de voyage d'un Anglais en Bretagne pendant l'été 1839*, en passant à Loudéac où il constate la misère des anciens tisserands. En effet l'industrie textile rurale traditionnelle périclite rapidement, faute de pouvoir s'adapter à l'introduction du coton et à la mécanisation qui fait le succès des usines du nord du pays. Les activités industrielles se concentrent surtout le long des côtes. Autour de Nantes, la Basse-Loire s'affirme comme le principal pôle industriel de la région : chantiers navals, métallurgie, industries chimiques et alimentaires. La conservation de la sardine à l'huile par appertisation mise au point dès 1824 par le confiseur nantais Pierre-Joseph Colin (1784-1848) a des répercussions imprévisibles. A partir de la guerre de Crimée (1854-1856), tout au long de la côte sud,

Les chantiers de Penhouët à Saint-Nazaire, gravure de 1885.
Ecomusée de Saint-Nazaire.

Fondée à Nantes (Loire-Atlantique) en 1891, la société Saupiquet, qui comprend neuf usines dès 1900, est à la pointe des conserveries de poissons durant le XXe siècle.
Musée de Bretagne, Rennes.

du Croisic à Audierne, les conserveries valorisent les produits de la pêche associés aux légumes en boîte : Amieux (1852), Cassegrain (1861), Saupiquet (1877), pour ne citer que quelques noms. A la fin du siècle, la Bretagne est devenue le premier producteur mondial de conserves de poissons. A côté de ces produits de luxe, la morue (qui se conserve salée) passe pour un aliment de pauvres. Malgré les difficultés, les Malouins vont toujours la pêcher à Terre-Neuve tandis que Paimpol inaugure la « pêche à Islande ».

Le chemin de fer facilite d'autre part l'apport d'engrais et l'exportation des primeurs de la « ceinture dorée » qui se met en place sur certains secteurs côtiers du nord de la

Paimpol (Côtes-d'Armor) : embarquement des équipages sur les goélettes en partance pour l'Islande.
Collection N. Cazeils.

« La récolte des pommes de terres », tableau de L. Simon (1907). La diffusion de cette culture met fin aux disettes à partir du milieu du XIXe siècle. Ce sont les femmes qui se chargent de cette tâche, puisque c'est à elles qu'il revient d'élever les porcs que la plante contribue à nourrir.
Musée des Beaux-Arts de Quimper.

région. Il contribue ainsi à la modernisation de l'agriculture déjà engagée auparavant sous l'impulsion des comices agricoles. Les sols sont améliorés grâce aux amendements et aux engrais introduits d'abord par le canal de Nantes à Brest avant que le rail ne prenne le relais. L'extension des cultures entraîne la disparition de la moitié des landes communales qui servaient jusqu'alors au libre pacage du bétail. Les céréales occupent plus de la moitié des terres labourables. Les fourrages font de la Bretagne une grande région d'élevage. La généralisation de la pomme de terre qui nourrit les plus modestes (et de plus en plus leurs cochons) fait disparaître les disettes sous le second Empire. La population encore en majorité paysanne augmente de plus d'un million d'habitants durant cette période (3,1 millions au recensement de 1881) si bien que la région fait figure de

Mondanités sur la grand-plage de Dinard (Ille-et-Vilaine). A l'arrière-plan, le grand casino et l'hôtel Royal.
Collection Albéric de Palmaert.

« château d'hommes » qui, en un demi-siècle, envoie un demi-million d'émigrants gagner leur vie, principalement dans la capitale, mais aussi vers Le Havre, devenu le premier port atlantique et ainsi la troisième « ville bretonne » (en 1880, après Paris et Nantes). Cependant qu'ils facilitent le départ des Bretons, les trains amènent les estivants dans les premières stations balnéaires (Bénodet, Roscoff, Binic, Pornichet, Dinard, entre autres). La vogue des bains de mer avait déjà touché la bourgeoisie locale dans la seconde moitié du XIXe siècle. Celle-ci côtoie à présent sur les plages des touristes venus de la capitale ou de l'étranger : c'est ainsi que Dinard, lancée par les Anglais dès 1850, attire une clientèle cosmopolite grâce au préfet d'Ille-et-Vilaine Paul Féart. La Côte d'Emeraude inspire les peintres (Signac, Renoir, à Saint-Briac) tandis que, de 1886 à 1894, Gauguin fait école à Pont-Aven.

La variété des paysages et la qualité de la lumière séduisent les artistes qui apprécient, en outre, la modicité du coût de la vie. Entre exotisme et folklore, ils captent de la Bretagne une image qui a été imposée par le

« Notre-Dame de Penmarc'h », tableau peint par Lucien Lévy-Dhurmer (1865-1953) au cours d'un séjour à Douarnenez (Finistère) durant l'hiver 1896. Devant les rochers de Saint-Guénolé, la Vierge et l'Enfant (vêtu en fillette selon l'usage) portent le costume bigouden.

Musée des Beaux-Arts de Quimper.

Dans la première moitié du XIXe siècle, F. Colomb peint ce paysan en costume cornouaillais assis à la porte d'une étable, tenant en main un livre sur lequel on déchiffre « Agriculture ». Musée départemental breton de Quimper.

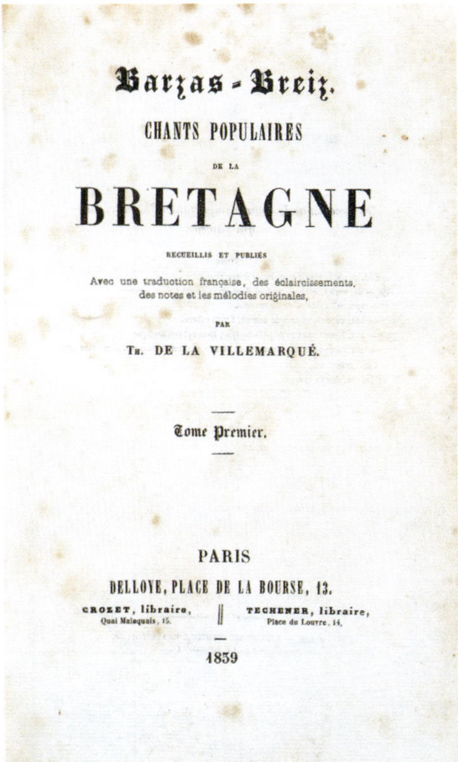

Barzas-Breiz.

CHANTS POPULAIRES

DE LA

BRETAGNE

RECUEILLIS ET PUBLIÉS

Avec une traduction française, des éclaircissements, des notes et les mélodies originales,

PAR

TH. DE LA VILLEMARQUÉ.

Tome Premier.

PARIS

DELLOYE, PLACE DE LA BOURSE, 13.

CROZET, libraire, Quai Malaquais, 15. || TECHENER, libraire, Place du Louvre, 14.

1839

Page de garde de la première édition du *Barzas (sic) Breiz*, 1839.
Bibliothèque municipale de Rennes.

Ci-dessus :
Portrait de Théodore Hersart de La Villemarqué par A. Le Bihan (1793-1866).
Collection particulière.

romantisme à la suite de François-René de Chateaubriand (1768-1848) : le pèlerinage en Bretagne fait l'effet d'un rite initiatique auquel se sont prêtés, entre autres, Balzac, Hugo, Mérimée ou Flaubert. La « terre des chouans » apparaît comme le conservatoire pittoresque d'un passé révolu. Les mutations en profondeur que connaît alors la société bretonne sont à peine perceptibles de l'extérieur. A mesure que la péninsule se rapproche lentement du reste du pays, ce qui ressort, au contraire, c'est d'abord l'originalité d'une civilisation paysanne à son apogée : langue bretonne dominante en Basse-Bretagne ; diversité des « pays » ; richesse des coutumes locales et magnificence des costumes de fête. Dès 1836, le titre de l'ouvrage à succès d'Emile Souvestre (1806-1854), *Les Derniers Bretons,* donne le ton. Le *Barzaz Breiz* (1839) de Théodore Hersart de La Villemarqué (1815-1895) attire l'attention de toute l'Europe sur les trésors de la

Anatole Le Braz pose chez lui au Port-Blanc (Côtes-d'Armor) dans son rôle de collecteur à côté de l'une de ses principales informatrices, Marc'harit Fulup.
Photo CRBC, UBO, Brest.

tradition orale (*soniou* et *gwerziou*), et inaugure les collectages ultérieurs de chants, de contes et de théâtre populaire dans lesquelles s'illustrent François-Marie Luzel (1826-1895) et Anatole Le Braz (1859-1926). Entre-temps, l'historien Arthur de La Borderie (1827-1901) donne ses lettres de noblesse au « bretonisme » : l'amour de la « petite patrie » est pour lui garant de la fidélité à la grande.

La Bretagne est entrée en littérature grâce à des auteurs dont les plus célèbres abordent les défis que pose le monde moderne au catholicisme : religion et poésie avec François-René de Chateaubriand ; religion et Révolution avec Félicité de Lamennais (1782-1854) ; science et religion avec Ernest Renan (1823-1892). En effet, à l'ombre du château et de l'église, paraît perdurer ici une « chrétienté prolongée ». Jusqu'en 1848, le suffrage censitaire conforte le pouvoir des nobles de retour sur leurs terres. Par la suite, le suffrage universel renforce l'influence du clergé. Avec la contribution des congrégations religieuses qui se vouent à l'enseignement, les recteurs et leurs vicaires encadrent ferme-

ment leurs ouailles. La réponse architecturale à l'essor démographique et à une pratique massive passe par la reconstruction du patrimoine religieux : de toutes parts pointent les clochers (souvent de style néogothique) qui témoignent de ce catholicisme triomphant ! Aux élections, le vote conservateur l'emporte donc massivement. « Toutes les fois que le centre, Paris, donne une impulsion, que cette impulsion vienne de la royauté ou de la république [...] la Bretagne se hérisse » ; tel est le diagnostic expéditif porté par Victor Hugo dans son roman *Quatrevingt-Treize* (1874). En fait, le poids du clergé joue un rôle essentiel dans la permanence du légitimisme comme dans le ralliement tardif au second Empire. A la suite de la visite de Napoléon III en 1858, Mgr Godefroy Brossays Saint-Marc (1803-1878), qui a reçu l'empereur en grande pompe au seuil

Certains mariages ne réunissaient que quelques dizaines d'invités, mais d'autres rassemblaient des centaines de personnes. A la belle saison, le repas de noces se tient en plein air ; les convives s'assoient sur les rebords de fossés creusés pour l'occasion dont le remblai fait fonction de table.
Cartopole de Baud.

Sortie de messe à Pont-l'Abbé (Finistère) au début du xxe siècle.
Cliché du commandant Puyo (1857-1933), l'un des pionniers de la photographie d'art.
Musée de Bretagne, Rennes.

de la cathédrale de Rennes, voit restaurée à son profit la métropole de Bretagne disparue depuis la fin du XIIe siècle. La province ecclésiastique de Rennes érigée par une bulle du pape Pie IX (3 janvier 1859) a pour suffragants les diocèses de Vannes, de Saint-Brieuc et de Quimper, tandis que celui de Nantes reste rattaché à la métropole de Tours.

Dans le jardin du Thabor à Rennes (Ille-et-Vilaine), la « colonne Vanneau et Papu » commémore deux polytechniciens originaires de Rennes morts à Paris lors des journées révolutionnaires de juillet 1830.
A l'arrière-plan, se dresse le clocher de l'église Saint-Melaine, couronné d'une statue de Notre-Dame en 1858.
Musée de Bretagne, Rennes.

Portrait de Mgr Godefroy de Brossay Saint-Marc, consacré évêque de Rennes à 38 ans en 1841, promu archevêque en 1859 et cardinal en 1875.
Sa devise latine *In omnibus caritas* (« la charité en toutes choses ») faisait dire plaisamment à certains de ses adversaires dans son clergé qu'« il ne faisait pas monter tout le monde dans son omnibus » !
Musée de Bretagne, Rennes.

Peut-être n'est-il pas sans signification que ce découpage ecclésiastique soit la préfiguration de la Bretagne à quatre départements d'aujourd'hui ? A la suite du ralliement des catholiques à la IIIe République sur l'injonction de la papauté (1892), les suffrages se portent en général vers les candidats modérés, sauf dans les phases d'affrontement, notamment sur la question scolaire, où les conservateurs l'emportent. Avec l'essor des écoles

La langue bretonne

Natif de Morlaix, le géographe Louis Gallouédec (1864-1937), inspecteur général de l'Instruction publique et auteur de manuels largement diffusés, exprime les préventions des milieux laïques à l'encontre de la langue bretonne :
« Ce qui, en effet, autant que la difficulté des communications, avait longtemps enfermé la Bretagne – ou du moins une moitié de la Bretagne, la Basse-Bretagne – chez elle, c'est qu'elle parlait un idiome spécial, sans relation avec la langue française. C'était une de ces langues primitives, aux mots rudes, aux consonances gutturales, à la syntaxe compliquée qu'on ne parle jamais bien si on ne les a apprises au berceau. »
[L. Gallouédec, *La Bretagne*, Hachette, Paris, 5e édition, p. 250.]

publiques, la langue est devenue un enjeu politique. Au catéchisme, le breton fait fonction de garde-fou contre la laïcisation, tandis que la maîtrise du français est présentée comme un instrument de promotion, à l'école puis au service militaire.

Les « anticléricaux » qui soutiennent la politique de séparation de l'Eglise et de l'Etat (1905) du « Bloc des gauches » sont d'autant plus combatifs qu'ils sont minoritaires ; les modestes percées socialistes traduisent l'émergence d'une classe ouvrière au travers des conflits sociaux du tournant du siècle. A Nantes, l'armateur Charles Brunellière (1847-1917), à l'origine en 1894 de la Fédération socialiste de Nantes (avant de fonder, avec Yves Le Febvre, la Fédération socialiste de Bretagne - 1900) est élu au conseil municipal dès 1896. Brest est dirigé de 1904 à 1908 par la municipalité socialiste de Victor

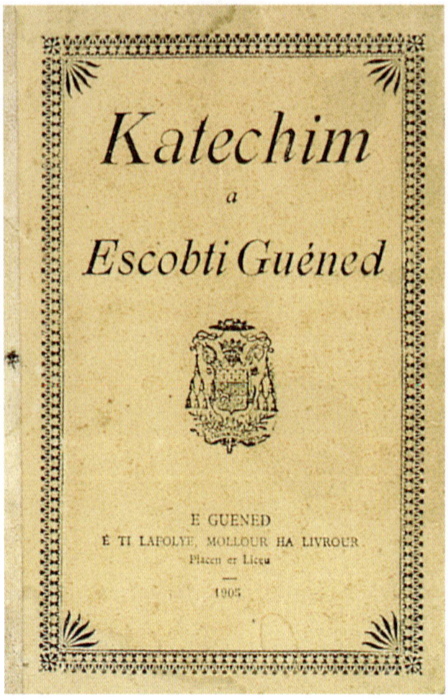

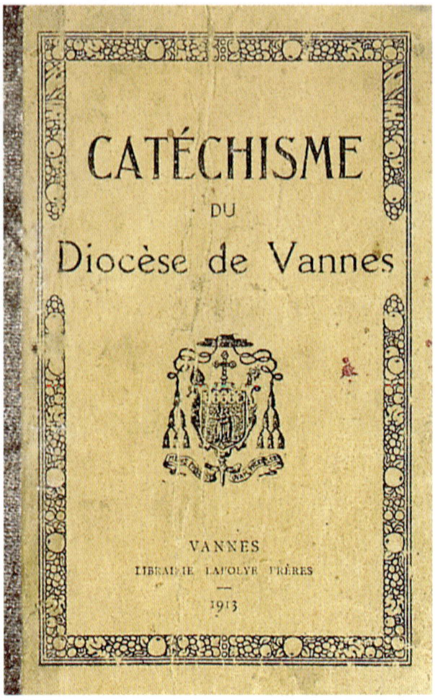

A la fin du XIXe siècle, des manuels de catéchisme (avec questions-réponses à apprendre par cœur) sont imprimés en français et en breton. En 1891, est institué un certificat d'instruction religieuse avec épreuves orales et écrites.
Cartopole de Baud.

Cliché de la municipalité socialiste de Brest publié dans *L'Illustration* du 24 novembre 1904.
Assis, au centre, le « père Aubert » ; debout, à gauche derrière lui, Emile Goude, futur député.
Collection C. Le Corre.

Aubert, avant d'élire en 1910 en la personne d'Emile Goude (1870-1941) le premier député socialiste breton. *Les Abbés socialistes d'Ille-et-Vilaine,* tel est le titre du pamphlet publié en 1897 par un ecclésiastique rennais pour dénoncer les initiatives de jeunes prêtres qui prennent au sérieux l'encyclique *Rerum novarum* (1891) du pape Léon XIII invitant le clergé à s'engager activement auprès des plus démunis. A l'encontre de leur hiérarchie qui les sanctionne souvent sévèrement, ces « abbés démocrates » influencés par le « Sillon » de Marc Sangnier (1873-1950), animent des coopératives, des caisses rurales, des syndicats, comme l'abbé Louis Bridel (1880-1932) à Fougères. C'est ainsi qu'en pleine révision du procès Dreyfus à Rennes, paraît à 1 800 exemplaires le premier numéro du quotidien *L'Ouest-Eclair,* fondé par l'abbé Félix Trochu et l'avocat brestois Emmanuel Desgrées du Loû en vue de réconcilier le catholicisme avec la démocratie et l'action sociale. Cinq ans plus tard, le tirage du journal est monté à 60 000 exemplaires en dépit de la concurrence du *Nouvelliste de Bretagne* suscité en guise de contre-feu dès 1901 par l'archevêché à l'intention des châtelains, de la majorité du clergé paroissial, et d'une partie de la bourgeoisie.

Pendant la Première Guerre mondiale, les paysans bretons mobilisés dans l'infanterie côtoient en première ligne, dans les tranchées, des jeunes venus des villes ou d'autres régions plus développées. Passant pour

Ci-contre :
En 1914, Tamagno signe cette affiche pour L'Ouest-Eclair. Côte à côte, Normande et Bretonne lisent le journal ; à droite, cette dernière porte la coiffe aux ailes de dentelles à la mode de Fouesnant (*giz fouen*).
Musée de Bretagne, Rennes.

Page de droite :
Une audience du conseil de guerre dans la salle des fêtes de l'actuel lycée Emile-Zola à Rennes lors du second procès Dreyfus (1899).
Musée de Bretagne, Rennes.

Publiés en 1915, les *Chants du bivouac* rassemblent les paroles patriotiques mises par T. Botrel sur les airs de ses chansons les plus connues qu'il interprète devant des auditoires militaires, dont la célèbre « Paimpolaise » qu'il paraphrase pour la circonstance.
Collection C. Le Corre.

L'un des plus jeunes combattants de la Première Guerre mondiale, J.-C. Carré, natif du Faouet (Finistère), s'est d'abord engagé à 15 ans sous une fausse identité. A 17 ans, il souscrit un nouvel engagement sous son vrai nom ; il est muté dans l'aviation et disparaît en 1918 lors d'une mission d'observation.
Collection C. Le Corre.

des « ploucs » auprès de leurs camarades qui ne comprennent pas leur langue, ceux qui en réchappent en restent blessés pour longtemps. Cependant, éloignée du front, la Bretagne accueille des milliers de réfugiés qui prêtent main-forte aux femmes embauchées à l'usine à la place de leurs hommes pour faire tourner les industries de guerre et les arsenaux, tandis que la hausse des prix de l'agriculture et de la pêche apporte un confort passager à l'arrière. Ici comme ailleurs, la propagande et la censure (qui contrôle même les courriers en breton) passent sous silence le carnage en cours, alors que le futur académicien Charles Le Goffic (1863-1932) rencontre le succès longtemps attendu avec une trilogie à la gloire des fusiliers marins bretons (les *Demoiselles aux pompons rouges*), tandis que l'auteur de *La Paimpolaise* (1895), le chansonnier « breton de Montmartre » Théodore Botrel (1868-1925), se recycle dans la chanson patriotique pour soutenir le moral des troupes.

Inauguration du monument aux morts de Laurenan (Côtes-d'Armor) en 1922.
Collection C. Le Corre.

Le travail féminin dans un atelier de fabrication de douilles de 75.
Collection C. Le Corre.

Mais le bilan humain est très lourd : les noms d'environ 120 000 jeunes gens sont gravés sur les monuments aux morts des communes bretonnes. Ce sont autant d'hommes qui manquent à l'appel dans les décennies suivantes. Au-delà de cette profonde entaille sur la pyramide des âges, les cicatrices sociales sont durables : les familles nombreuses diminuent, l'émancipation des femmes (dont beaucoup restent veuves ou célibataires) est en marche et la fréquentation de l'église n'est plus aussi uniforme.

Costumes de mariage traditionnels à Plougastel (Finistère).
Autochrome réalisé vers 1920 à l'initiative du banquier Albert Kahn (1860-1940), fondateur des « Archives de la planète » pour recueillir des témoignages sur les modes de vie traditionnels.
Musée Albert-Kahn, Boulogne-Billancourt.

À droite :
Fils de pâtissier nantais, Louis Lefèvre-Utile produit industriellement à partir de 1886 le « véritable petit-beurre » LU (les initiales des noms de ses parents) auquel une publicité soigneusement orchestrée (affiches, calendriers, menus, boîtes) assure un succès durable. Musée de Bretagne, Rennes.

La Bretagne entre deux guerres

Toutefois, la Bretagne de l'après-guerre reste majoritairement rurale. En 1936, l'agriculture emploie encore 77 % de la population (contre 48 % pour l'ensemble de la France). Dominée par les exploitations familiales de taille moyenne (moins de 10 hectares), l'agriculture a toujours besoin de bras car les machines s'adaptent mal aux chemins creux et aux talus et les fermiers hésitent à s'endetter pour s'équiper de crainte d'être expulsés en cas de difficultés. Mais la médiocrité des conditions de vie et l'inconfort de

Modernisation de l'outillage agricole : au début du xxe siècle, les vieilles charrues à bœufs sont progressivement remplacées par des charrues à versoir tirées par des chevaux. Cartopole de Baud.

l'habitat poussent les jeunes à quitter la terre. A côté des industries de transformation des produits agricoles (conserveries ; biscuiteries à Nantes ; cuir à Fougères, etc.) et de celles qui travaillent pour l'agriculture (métallurgie ; matériel agricole), les activités nées de la guerre se développent (fabrication d'hydravions à Saint-Nazaire, par exemple). Mais les villes et les ports qui se modernisent durant l'entre-deux-guerres (inauguration du port de pêche industrielle de Lorient-Keroman en 1927) ne suffisent pas à absorber l'exode rural. Certains vont jusqu'en Amérique, mais la majorité continue principalement à se diriger vers la Basse-Seine (Le Havre, Rouen) et la banlieue ouest de Paris. Par l'intermédiaire de ceux-ci, des idées politiques avancées s'introduisent dans leurs communes d'origine.

À droite : **Affiche de l'exposition itinérante « *Ar Seiz Breur* ("les sept frères") : la création bretonne entre tradition et modernité (1923-1947) » qui a tourné dans toute la région de 2000 à 2003.**
De jeunes artistes se regroupent en 1923 pour dénoncer la « folklorisation » de la culture bretonne et s'efforcer de moderniser les arts graphiques, le mobilier, la céramique, etc. Le groupe (qui rassemble jusqu'à une soixantaine de membres) participe aux expositions internationales de 1926 et 1937 à Paris. Mais les contradictions et les compromissions du mouvement breton durant l'Occupation provoquent la dissolution des *Seiz Breur* en 1947. Musée de Bretagne, Rennes.

Ce tableau du responsable communiste Charles Tillon (1897-1993) impliqué dans le mouvement de grève des conserveries en 1924 célèbre la victoire des ouvrières bigoudènes.
Musée de Bretagne, Rennes.

Les grèves des *penn sardin*

Le premier maire communiste de France, Sébastien Velly, est élu à Douarnenez dès 1921. En janvier 1925, à la suite d'une grève très dure, les *penn sardin*, employées dans les conserveries du Sud-Finistère, obtiennent une augmentation conséquente (22 centimes) du salaire horaire (*Pemp real a vo* : « Ce sera cinq réaux = 1 franc 25 »). Les grévistes que soutiennent la CGTU et le nouveau maire communiste Daniel Le Flanchec n'en sont pas moins pratiquantes. L'une d'entre elles est élue par la suite au conseil municipal, mais son élection est invalidée puisque les femmes, qui n'ont pas le droit de vote, sont inéligibles.

Jusqu'au milieu du XXe siècle, cette société rurale demeure dominée politiquement par le « bloc conservateur » qui bénéficie du soutien de la hiérarchie catholique. L'appui apporté à la démocratie chrétienne par *L'Ouest-Eclair* ne suffit pas à concurrencer la droite, même si ce quotidien tire désormais à 250 000 exemplaires, dès le milieu des années vingt, alors que le cardinal archevêque de Rennes Clément Charost, proche de l'Action française, contraint l'un des fondateurs, l'abbé Trochu, à se retirer officiellement de la direction du journal (1930). A l'occasion des grands rendez-vous électoraux (Cartel des gauches : 1924 - Front populaire : 1936), la crainte des « rouges » provoque un rapprochement entre les conservateurs et les catholiques modérés. Les mouvements d'action catholique spécialisés animés par quelques jeunes prêtres déterminés n'en sont qu'à leurs débuts. La Jeunesse agricole chrétienne (JAC - ouverte aux jeunes filles dès 1935) est encore loin d'avoir le rayonnement qui sera le sien après guerre. La Jeunesse ouvrière chrétienne (JOC) et le syndicalisme chrétien (CFTC) pénètrent lentement le milieu ouvrier tandis que l'action du dominicain L.-J. Lebret (1897-1966) à Saint-Malo débouche sur la création de la Fédération française des syndicats professionnels de marins qui concurrence la CGT et obtient une législation sur les Comités de pêche (1938 et 1941). A cause du mode de scrutin, les progrès de la gauche durant la période (en 1936, ses voix contrebalancent celles de la droite) demeurent peu sensibles sinon dans les villes et les ports. L'élection à la Chambre des députés, face à des notables radicaux, du jeune socialiste Tanguy Prigent (1909-1970), défenseur des petits fermiers, atteste de l'importance prise par les enjeux agricoles lors de la crise mondiale des années trente. Celle-ci fait apparaître l'implication des associations professionnelles dans les affrontements politiques. Fondé avant la guerre de 1914-1918 par des propriétaires terriens à l'intention de leurs paysans, l'Office central des associations agricoles de Landerneau, présidé de 1919 à 1941 par Hervé Budes de Guébriant (1880-1972), contrôle tout un réseau de mutuelles et de coopératives. Il s'oppose vigoureusement à la Fédération des syndicats paysans de l'Ouest créée à l'initiative de

Parterre de procession réalisé par la Jeunesse Agricole Chrétienne pour la Fête-Dieu à Quimper (Finistère).
Musée de Bretagne, Rennes.

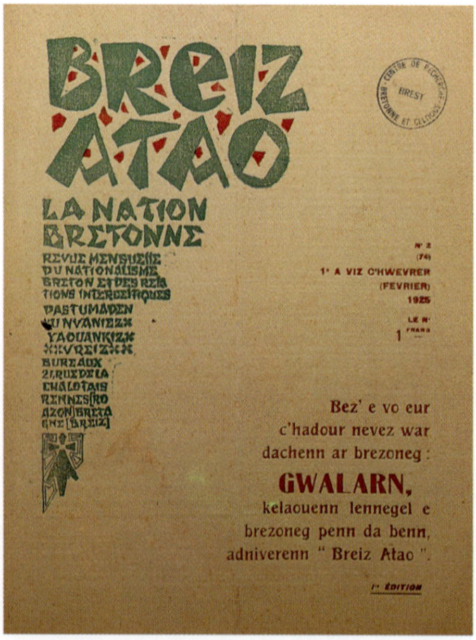

Le numéro de février 1925 du mensuel *Breiz Atao* (« Bretagne toujours ») organe de l'*Uvaniez Yaouankiz Vreiz* (« Union de la jeunesse nationaliste bretonne ») inclut le « premier et dernier manifeste de *Gwalarn* ["Norois"] en langue française » qui va devenir le premier journal littéraire en breton.
CRBC, UBO, Brest.

l'abbé Henri Mancel. Manœuvres et pressions financières laminent, à court terme, l'influence des cultivateurs-cultivants, pris en tenaille entre le « syndicalisme des ducs » et le corporatisme agraire d'Henri d'Halluin dit Dorgères (1897-1985). Des « Comités de défense paysanne contre les assurances sociales » (1929) aux « Chemises vertes » (1935), les partisans de celui-ci ne se retiennent pas de faire le coup de poing contre leurs adversaires. En dépit de quelques succès électoraux en 1936, le mouvement retombe dans les années qui suivent ; mais le titre du manifeste publié par Dorgères en 1935, *Haut les fourches*, a inculqué l'idée que la solution des problèmes paysans passe par la violence, si nécessaire. Dans ce contexte, l'activisme du PNB (Parti national breton) autour de la revue *Breiz Atao* rencontre une audience limitée et les initiatives culturelles de l'Emsav restent minoritaires. Diverses sensibilités interfèrent dans cette « mouvance » bretonne, depuis le *Bleun Brug* (« Fleur de bruyère »), animé par l'abbé J.-M. Perrot, jusqu'à *Ar Falz* (« La Faucille »), mouvement laïc fondé par l'instituteur Yann Sohier, en passant par les *Seiz Breur* (« Sept frères ») qui rassemblent de jeunes artistes autour de René-Yves Creston.

Relativement moins touchée que les régions d'industries lourdes par la crise, l'économie bretonne a quand même durement accusé le coup. Les revenus des paysans se sont effondrés, les industries de consommation ainsi que la pêche sont sinistrées. Les syndicats luttent pour défendre l'emploi (grève des ouvriers de la chaussure à Fougères en 1932 ; grèves des usines de la Basse-Loire, en juin 1936, au début du Front populaire). Toutefois, à partir de 1936, la reprise s'amorce déjà grâce aux commandes d'armement passées par l'Etat aux arsenaux et par suite de l'essor du tourisme. Dès les années vingt, le développement de l'automobile avait amené en Bretagne une nouvelle vague d'estivants ; à partir de 1936, les billets de train « Léo Lagrange » à tarif réduit permettent (avec la bicyclette) aux bénéficiaires des congés payés de rejoindre sur les côtes les vacanciers des classes moyennes. L'« intrusion balnéaire » profite désormais davantage au littoral méridional de la péninsule dont le climat passe pour meilleur que celui de la côte nord : la réputation de Dinard pâlit devant l'attrait de La Baule.

Ancien village de Batz-sur-Mer (Loire-Atlantique), le petit port du Pouliguen devient une station climatique et balnéaire appréciée par les familles avant d'être éclipsé par La Baule, sa luxueuse voisine, après la Seconde Guerre mondiale.
Collection Albéric de Palmaert.

De novembre 1906 à février 1907, en réplique à un lock-out, la grande grève des ouvriers de la chaussure à Fougères mobilise des solidarités à l'échelle nationale (soupes « communistes » ; accueil des enfants à Rennes, Saint-Nazaire, Paris) et aboutit à la reconnaissance des syndicats par le patronat. Musée de Bretagne, Rennes.

Officiers français du 4e SAS (*Special Air Service*) en conversation avec le colonel P.-L. Bourgoin dit le « Manchot » (car amputé du bras droit en 1943). Parachuté le 10 juin en Bretagne, celui-ci prend la tête des FFI qui convergent vers le maquis de Saint-Marcel (Morbihan) attaqué par les forces allemandes le 18 juin 1944.
Musée de la Résistance bretonne de Saint-Marcel.

La Seconde Guerre mondiale bouleverse la situation. Lors de l'invasion allemande de 1940, le général de Gaulle, nouveau sous-secrétaire d'Etat à la Défense du gouvernement Paul Reynaud, envisage quelque temps l'éventualité de résister à l'invasion allemande à partir d'un « réduit breton ». Le projet n'est déjà plus d'actualité quand la péninsule est occupée par l'armée ennemie entre le 18 et le 22 juin. Tous les hommes de l'île de Sein prennent alors la mer pour rallier la France libre. La confiance dont a d'abord joui le maréchal Pétain, auréolé de son prestige de vainqueur de Verdun auprès des anciens combattants, ne tarde pas à s'effriter. La Bretagne compte parmi les régions

où la résistance se manifeste précocement, tout d'abord sous forme de réactions spontanées à l'encontre de l'occupant, puis d'actions sporadiques (récupération d'armes abandonnées par les soldats français ; aide aux prisonniers évadés, etc.). Par décret du 30 juin 1941, le gouvernement de Vichy redonne officiellement vie à une « province de Bretagne » dont sont exclus Nantes et le département de la Loire-Inférieure. Certains militants du PNB commettent l'erreur de se compromettre avec les nazis, dans l'attente d'un statut particulier pour la Bretagne. Par leur faute, un discrédit est jeté durablement sur les aspirations régionalistes. L'Allemagne confie à l'ingénieur Fritz Todt la construction de trois grandes bases de sous-marins *(U-Boote)* à Brest, Lorient et Saint-Nazaire. Avec Saint-Malo, ces ports occupés par la *Kriegsmarine* s'insèrent à partir de 1942 dans une ligne de fortifications qui fait partie du Mur de l'Atlantique édifié par l'Organisation Todt (OT). Cependant, l'exécution de cinquante otages (dont le jeune communiste Guy Môquet - 25 octobre 1941) en représailles à l'attentat contre le lieutenant-colonel Hotz, commandant des troupes d'occupation à Nantes, a radicalisé une opinion hostile aux troupes d'occupation. La mise en place du Service du travail obligatoire, puis la structuration des mouvements nationaux en 1943 contribuent à étoffer la Résistance qui s'organise progressivement (exfiltrations d'aviateurs alliés abattus ; collectes de renseignements ; opérations de sabotage). A la Libération, les

Groupe de maquisards à Saint-Nicolas-du-Pelem (Côtes-d'Armor) après la Libération (septembre 1944).
Musée de Bretagne, Rennes.

Parachutage de jeeps au-dessus du maquis de Saint-Marcel, durant la nuit du 17 juin 1944.
Musée de la Résistance bretonne de Saint-Marcel.

La base sous-marine à la libération de Brest le 19 septembre 1944 : elle a essuyé 89 attaques de la Royal Air Force au cours du mois précédent et le dernier U Boat l'a quittée le 4 septembre. Musée de la Résistance bretonne de Saint-Marcel.

La foule fraternise avec les troupes américaines sur la place de la Mairie à Rennes à la libération de la ville, le 4 août 1944.
Archives municipales de Rennes, 255 Fl.

maquis sont assez puissants pour affronter ouvertement les troupes allemandes (18 juin 1944 : Saint-Marcel), puis pour faciliter durant l'été 1944 la progression de l'armée Patton en assurant le « nettoyage » des zones libérées avant d'assiéger les « poches » de Lorient et Saint-Nazaire. Les pertes humaines sont sans commune mesure avec l'hécatombe de la Première Guerre mondiale, mais les victimes, cette fois, sont surtout des civils, les bombardements frappant aveuglément les deux sexes et toutes les classes d'âge. Les destructions sont considérables. Les ponts et les gares sont hors service. Saint-Malo et Brest sont en ruines. Lorient et Saint-Nazaire, déjà bombardés en 1943 par les Alliés lors de la bataille de l'Atlantique, sont pratiquement rasés quand ils tombent en mai 1945.

La Bretagne dans la seconde moitié du XXe siècle

Les lenteurs et les difficultés de la reconstruction font prendre conscience à la Bretagne de son retard économique : au début des années cinquante, le revenu par habitant est inférieur de 30 % à la moyenne nationale ! Ces difficultés concourent à une émigration massive, à commencer par les jeunes femmes qui refusent désormais l'absence de confort de l'habitat rural (sol en terre battue ; ni électricité, ni eau courante). Alors que le ministère de la Reconstruction et de l'Urbanisme se préoccupe de l'aménagement du territoire programmé par le commissariat général au Plan, les élites locales, largement renouvelées, cherchent à maintenir la population bretonne sur place en lui rendant confiance dans ses capacités d'entreprendre. En même temps, l'Etat veut réduire les déséquilibres régionaux pour désengorger la région parisienne. « Désenclaver » la Bretagne afin de résorber le retard breton : tel est le premier objectif du CELIB (Comité d'étude et de liaison des intérêts bretons) fondé en 1950, à l'initiative du journaliste Joseph Martray (1914-2009) qui entend réhabiliter les idées régionalistes. Il rassemble des hommes politiques, des cadres économiques et syndicaux, des acteurs culturels de toutes tendances. Hervé Budes de Guébriant, ancien responsable de la Corporation paysanne sous Vichy, y côtoie le socialiste François Tanguy-Prigent, ancien ministre de l'Agriculture du général de Gaulle (et auteur, entre autres, de la loi sur le fermage de 1946). L'absence de majorité stable et l'alternance rapide des ministères sous la IVe République donnent toute son importance à la commission interparlementaire qui fonctionne comme un « lobby breton », capable de faire pression sur les gouvernements successifs et d'intervenir à Bruxelles alors que la construction européenne en est à ses débuts.

Vue aérienne du bourg rural de Saint-Pierre-de-Plesguen (Ille-et-Vilaine) au milieu du XXe siècle : au centre, l'église paroissiale entourée de son cimetière ; à l'arrière-plan, la campagne et le bocage.
Musée de Bretagne, Rennes.

En 1951, René Pléven, président du Conseil, et Robert Schuman, ministre des Relations extérieures, sont accueillis à la conférence de Santa Margherita sur la coopération franco-italienne par des étudiants italiens célébrant l'union européenne (les bannières qu'ils brandissent à l'arrière-plan portent un E, initiale de l'Europe).
Photo Eyedea, fonds Keystone.

Proche de Jean Monnet et du commissariat général au Plan, le centriste René Pleven (1901-1993), alors au faîte de sa carrière politique, préside durant une vingtaine d'années aux destinées du CELIB. Malgré des difficultés croissantes sous la Ve République qui craint de voir celui-ci s'ériger en « assemblée politique d'opposition », le CELIB continue d'apparaître jusqu'au milieu des années 1960 comme le porte-parole légitime de la région dans ses efforts de développement.

Sur le plan politique, le CELIB a contribué prudemment à faire progresser la région sur la voie d'une décentralisation qui prend une trentaine d'années avant d'aboutir. Le « Plan breton » (juillet 1956) est la tête de série des « programmes d'action régionale » mis en œuvre par le commissariat général au Plan qui procède à cet effet au découpage administratif de la France en « circonscriptions d'action régionale ». Afin de démêler l'enchevêtrement des cartes, deux décrets (1959 et 1960) officialisent la création de « régions de programme » dessinées à partir de considérations techniques (données du recensement, chiffres des transports, échanges téléphoniques, etc.). C'est pourquoi le département de la Loire-Inférieure est rattaché aux Pays de la Loire et maintenu hors de la région dont Nantes était pourtant l'un des centres historiques. Les mesures de décentralisation prises par la suite ne remettent pas en question ce découpage initial. La réforme de 1964 réorganise les services de l'Etat autour des préfets de Région et instaure des « commissions de développement économique régional » (CODER). A la suite de l'échec du référendum du 27 avril 1969 sur la régionalisation et le Sénat, des établissements publics régionaux (1972) sont institués. Le pouvoir exécutif reste aux mains du préfet de Région tandis qu'à ses côtés, un conseil régional est composé des parlementaires de la Région, des maires des grandes villes et des représentants des conseils généraux. La loi Deferre de décentralisation (1982) qui érige la Région au rang de « collectivité territoriale » prévoit d'en confier la direction à un président élu par les conseillers régionaux, eux-mêmes élus pour six ans au suffrage universel direct selon des modalités à définir par une loi qui sera votée en juillet 1985. Les personnalités des présidents élus de la Région à partir de 1986 illustrent l'évolution politique de la Bretagne : Yvon Bourges (RPR - 1921-2009), un des « barons » du gaullisme, de 1986 à 1998 ; Josselin de Rohan (RPR-UMR - né en 1938) dont le nom appartient à l'histoire de la Bretagne, de 1998 à 2004 ; Jean-Yves Le Drian (PS - né en 1947), d'origine ouvrière et issu de l'Action catholique, à partir de 2004. Cette évolution politique reflète les mutations profondes de la société bretonne. Le clergé qui encadrait encore largement celle-ci au début des années 1950 a vu ses effectifs s'effondrer tandis que la pratique religieuse s'alignait sur celle du reste du pays. Face à des notables enracinés dans leurs circonscriptions, l'apparition sur la scène publique de militants souvent issus de milieux catholiques a progressivement déplacé la ligne de clivage droite-gauche qui passait encore largement entre cléricaux et anticléricaux, notamment à propos de la question scolaire. Bien que la Bretagne demeure un bastion de l'enseignement privé, la majorité de l'électorat a insensiblement glissé vers le centre, puis vers la gauche modérée.

Grâce aux initiatives du CELIB, étayées le cas échéant par des interventions directes (manifestations paysannes musclées et mouvements de grèves de plus en plus combatifs), les résultats obtenus durant les les « vingt glorieuses » (1954-1974) sont impressionnants. Des tarifs ferroviaires adaptés, à la suite de la « bataille du rail » (1962 - en attendant le TGV, en 1989 !), le « plan routier breton » (1968 - réseau de quatre voies gratuites), les aménagements portuaires, puis l'essor des télécommunications viennent pallier le handicap de l'éloignement. L'activité industrielle se développe autour de l'automobile, des télécoms et de l'agroalimentaire tandis que les services connaissent un essor important. Plusieurs grandes usines sont délocalisées en Bretagne (Citroën à Rennes-La Janais - 1961 ;

En haut :
Vue aérienne des usines Citroën de Rennes-La Janais, décentralisées à Chartres-de-Bretagne (Ille-et-Vilaine) en 1961.
Archives municipales de Rennes.

En bas :
Manifestation de soutien aux employés de Citroën, place du Parlement à Rennes en 1982.
Musée de Bretagne, Rennes.

le Joint Français à Saint-Brieuc - 1962 ; Olida à Loudéac - 1965). Le CNET (Centre national d'études des télécommunications) s'installe dès 1960 à Lannion tandis que les industries électroniques essaiment dans toute la région (Alcatel, Thomson, Matra, Sagem). Ces transformations ne vont pas sans conflits sociaux. La fermeture programmée (fin 1967) des Forges d'Hennebont, implantées depuis un siècle à Inzinzac-Lochrist, mobilise tout le pays de Lorient à partir de 1958 derrière un comité de défense particulièrement

Ci-dessus :
Radome (« radar » + « dôme ») de Pleumeur-Bodou (Côtes-d'Armor).
L'immense antenne qu'il abrite capte en mondovision, grâce au satellite Telstar, le 11 juillet 1962, des images télévisées en direct depuis Andover aux USA.
Photo CNET Pleumeur-Bodou.

Ci-dessous :
Manifestation pour la défense des Forges d'Hennebont (Morbihan) en octobre 1963.
En tête, les tracteurs des cultivateurs d'Inzinzac (Morbihan) « solidaires des ouvriers des Forges ».
Musée de Bretagne, Rennes, fonds Keystone.

actif, pour différer la décision définitive du gouvernement et aboutir au reclassement d'une partie des ouvriers dans la sous-traitance de pièces automobiles pour le compte de Renault et de la SAVIEM. La longue grève du Joint Français en 1972 est emblématique des tensions suscitées dans une usine délocalisée par les bas salaires et les relations avec la hiérarchie dans le contexte de l'après 1968.

Dans le même temps, sous l'impulsion de dirigeants venus pour la plupart de la Jeunesse agricole chrétienne, l'agriculture connaît une « révolution silencieuse » qui transforme la vie quotidienne à la ferme (eau courante, électrification, mécanisation) et qui remodèle profondément le paysage (voirie, remembrement) pour faire de la Bretagne la première région agricole du pays en 1975. Le paysan devient agriculteur en passant de la polyculture familiale traditionnelle à l'agriculture spéculative avec pour objectif la hausse des rendements et l'augmentation de

Ci-dessus : **La Bretagne rurale en 1948 : fête de la Terre à Saint-Grégoire (Ille-et-Vilaine).** Au premier plan, le char des fileuses porte l'écriteau « File, ma fille, de beaux draps, tu auras ». Musée de Bretagne, Rennes.

En haut : **Grève du Joint Français à Saint-Brieuc (Côtes-d'Armor) en 1972.** Cette célèbre photo, représentative des années 1970, est prise au moment où un manifestant reconnaît dans le CRS qui lui fait face un ancien copain d'école. Archives Ouest-France, photo Jacques Gourmelen.

Mai 1968 à Rennes (Ille-et-Vilaine) : manifestation étudiante le long des quais.
Archives Ouest-France.

la production. La sécurité des approvisionnements et la stabilité des prix pour les consommateurs consacrent la réussite de la Politique agricole commune européenne et des lois d'orientation Debré-Pisani de 1960-1962. Le « modèle agricole breton », fondé sur la modernisation technique et la solidarité sociale qui amortit les répercussions humaines de la concentration des exploitations, aboutit à l'« industrialisation de l'agriculture » avec la mise en place de filières spécialisées (aviculture, lait, porcs, légumes...) et leur intégration par les industries agroalimentaires. Les exploitants sont transformés en ouvriers à domicile à qui sont fournis en amont les aliments (notamment dans le cas de l'élevage hors-sol) et qui doivent élaborer un produit fini selon le cahier des charges fixé par les coopératives ou les entreprises industrielles situées en aval.

Le rapprochement entre ouvriers et paysans – même s'il ne s'inscrit pas dans la durée – est l'un des traits marquants des grèves de mai 1968 en Bretagne qui mobilisent dès le 8 mai à l'appel des syndicats plus de 100 000 manifestants dans une quinzaine de villes derrière le slogan « L'Ouest veut vivre ». A Rennes et plus encore sans doute à Nantes (où une université vient d'être rétablie en 1962), le mouvement étudiant fait écho aux événements parisiens, mais ici comme ailleurs en province, leur retentissement n'oblitère pas les préoccupations relatives à l'emploi et aux conditions de travail : la première occupation d'usine intervient à Nantes (Sud Aviation, Bouguenais - 14 mai). « Changer la vie », et comment ? Mais aussi « Vivre et travailler au pays ». Alors qu'au milieu des années 1970, pour la première fois depuis plus d'un siècle, la Bretagne cesse d'être un foyer d'émigration, ce sont de tels mots d'ordre qui reviennent en filigrane des mouvements sociaux et culturels provoqués par un retournement de conjoncture mondiale qui accumule doutes et incertitudes sur les perspectives d'avenir de la région.

Les crises récurrentes du productivisme agricole (quotas laitiers, mévente des choux-fleurs, baisse des cours du porc et de la volaille) commencent à susciter la remise en cause des dérives d'un modèle intensif qui a réussi à écarter la pénurie alimentaire, mais dont le contrôle échappe désormais aux agriculteurs. Ce système menace la qualité des eaux par les pollutions qu'il engendre et banalise l'environnement alors que les « néoruraux » et les citadins – désormais majoritaires à la campagne – expriment de nouvelles aspirations d'ordre esthétique et écologique. Conséquences de l'accroissement du trafic pétrolier, les « marées noires » à répétition qui souillent les côtes bretonnes soulèvent l'indignation unanime d'une population en passe de s'approprier les paysages maritimes alors même qu'elle s'identifie à l'essor de la voile sportive et de la plaisance (grâce, entre autres, aux victoires d'Eric Tabarly sur ses *Pen Duick*). L'échouement devant Portsall de l'*Amoco Cadiz* (1978), un supertanker libérien de 250 000 tonnes, suscite un mémorable sursaut de solidarité pour procéder au nettoyage des 300 kilomètres de côtes pollués par le mazout. La colère des élus locaux amène ceux-ci à renouer avec les heures de gloire de CELIB et à transgresser les clivages politiques pour engager contre la Standard Oil de Chicago un procès au long cours que celle-ci finit par perdre au terme de quinze années de rebondissements. La défense du littoral est encore l'un des thèmes qui mobilise, à partir de 1976, au côté des habitants de Plogoff déterminés à préserver leur cadre

Le pingouin mazouté imaginé par les Amis de la Terre, association pour la protection de l'environnement fondée en 1971, dénonce la responsabilité de la Shell dans la marée noire de 1978.
Musée de Bretagne, Rennes.

Le 16 mars 1978, l'*Amoco Cadiz*, affrété par la Shell britannique, s'éventre sur les rochers de Portsall (Finistère), polluant 300 km de littoral.
Archives Ouest-France.

Durant l'hiver 1980-1981, de nombreux incidents se produisent entre forces de l'ordre et manifestants contre l'implantation d'une centrale nucléaire à Plogoff (Finistère), sur la pointe du Raz.
Musée de Bretagne, Rennes, photo Jean Guisnel.

de vie, des milliers de manifestants antinucléaires opposés au projet d'implantation d'une centrale sur la pointe du Raz. L'abandon du projet en 1981 (en même temps que celui de la centrale du Pellerin, près de Nantes) par le gouvernement socialiste marque l'avancée des thèmes de défense de l'environnement et de développement durable, même si la révision à la baisse de ses objectifs par EDF est aussi une conséquence de la crise de l'énergie.

Autocollant bilingue diffusé dans les manifestations antinucléaires des années 1978-1980. L'Ankou est associé à la carte des centrales programmées en Bretagne.

Plus leur mode de vie se rapproche de celui du reste du pays, plus les Bretons semblent s'attacher à leur culture et afficher leur identité. L'action de l'association culturelle *Kendalc'h* (« Maintenir » ; en relation avec le CELIB des années soixante) pour développer les cercles celtiques débouche après 1968 sur un vigoureux courant de renaissance musicale qui dépasse largement l'audience régionale : la relance de la vogue des *festoù noz* va de pair avec la programmation de Glenmor, d'Alan Stivell – et même des sœurs Goadec – à l'Olympia au milieu des années 1970 ! La mode est certes un peu retombée depuis, mais des manifestations estivales comme le festival des Vieilles Charrues à Carhaix qui attire près de 200 000 participants en plein *Kreiz Breizh* (« Centre Bretagne ») ou le FIL (Festival interceltique de Lorient) qui vend plus de billets d'entrée que celui d'Avignon (120 000 contre 105 000 en 2007) célèbrent le triomphe d'une Bretagne décomplexée qui affiche sa richesse culturelle.

Cependant, du fait de l'arrêt presque total de la transmission familiale et des bouleversements socio-économiques de la seconde

Ci-contre :
Glenmor (1931-1996) et Gilles Servat (1945-) partagent un repas au restaurant à Rennes en 1980. Deux générations de chanteurs portés par la vague celte des années 1970.
Musée de Bretagne, Rennes.

moitié du XXe siècle (sans parler des réticences de l'Etat qui s'oppose toujours à la ratification de la « charte européenne des langues régionales ou minoritaires »), le breton est aujourd'hui classé par l'Unesco parmi les langues « en danger sérieux d'extinction » : on est passé de plus d'un million de brittophones au début du XXe siècle à environ 250 000 locuteurs (dont 64 % ont plus de 60 ans) dans les cinq départements de la Bretagne historique. Mais moins la langue bretonne s'entend, plus elle est visible. Les départements du Finistère, des Côtes-d'Armor et du Morbihan ainsi que beaucoup de communes (y compris Rennes, la capitale régionale) adoptent les panneaux de signalisation bilingues français/breton. Cette réaction symbolique de la part des collectivités s'appuie sur la sympathie d'une grande partie de la population qui voit d'un bon œil la Région apporter son soutien au réseau de classes bilingues qui scolarise 9 700 jeunes en 2007. Il faudrait toutefois en doubler le nombre pour assurer la survie du breton.

Au seuil du XXIe siècle, la Région Bretagne, avec plus de 3 millions d'habitants (3 080 648 en 2006), n'a jamais été aussi peuplée. Son taux de croissance démographique supérieur à la moyenne nationale est dû à l'immigration qui, depuis le début des années 1980, ne concerne plus seulement les retraités de retour au pays, mais des actifs (les 25-39 ans, surtout) attirés par la qualité de la vie et susceptibles de contribuer au développement de la région. Pourtant, cette évolution démographique entraîne des déséquilibres. L'attractivité du littoral (Armor) se confirme, surtout le long de la côte méridionale, alors que s'accuse, aux dépens de la Basse-Bretagne, le basculement vers l'Est, avec la

Ci-dessus :
Signalisation routière bilingue promue par le Conseil général du Finistère. Les institutions de l'Etat (gendarmerie et SNCF) sont indiquées uniquement en français.
Conseil général du Finistère.

Ci-contre :
Au départ, en 1993, simple fête entre amis dans l'ambiance du festival des « Vieux Gréements » (Brest, 1992), le festival des « Vieilles Charrues » à Carhaix-Plouguer (Finistère) est devenu, en quinze ans, l'un des plus importants d'Europe dont les retombées économiques et culturelles dynamisent le *Kreiz Breizh* (« Centre-Bretagne »).
Photo Bretagne.com

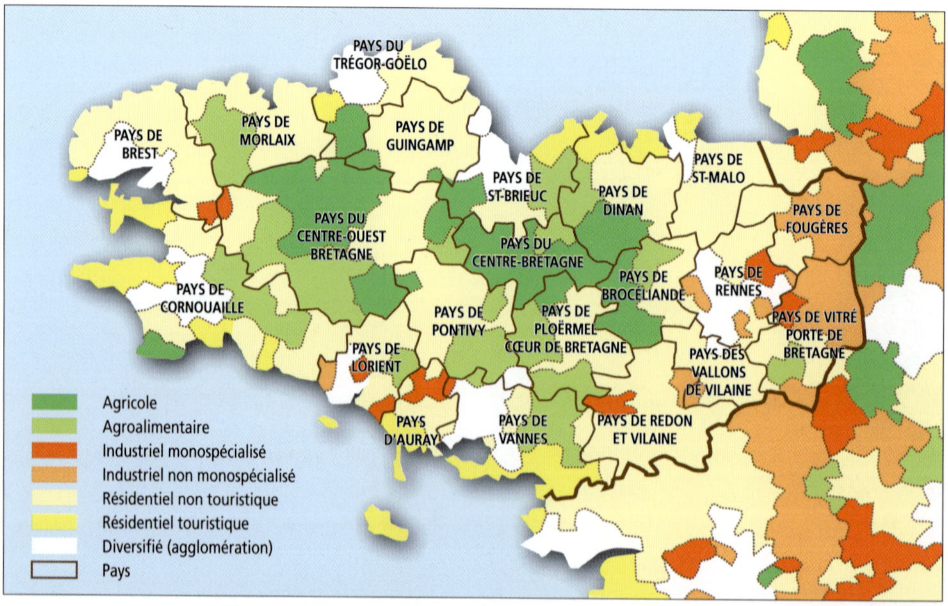

Typologie des territoires bretons selon l'orientation économique, d'après sources officielles, 2008.
Cartographie P. Mérienne.

« métropolisation » accélérée de Rennes (et de Nantes). Le dépeuplement de l'intérieur des terres (Argoat) touche davantage les territoires qui échappent à l'attraction d'un tissu des villes moyennes et de « bourgs » (2 000 à 5 000 habitants). Ceux-ci conservent néanmoins une fonction structurante, comme le suggère l'installation récente et inattendue d'un contingent significatif de nouveaux arrivants d'origine britannique.

Le déclin démographique de la campagne bretonne est la contrepartie du développement sans précédent de son agriculture durant le dernier demi-siècle. Cette « agriculture sans bras » ne représente plus que 7,7 % de la population active au début du XXIe siècle (contre la moitié de l'emploi breton cinquante ans plus tôt). La Bretagne est devenue la première région agricole du pays. En dépit des difficultés que connaissent périodiquement ses filières, l'élevage breton assure 20 % de la production nationale du lait, 33 % de celle des veaux de boucherie, plus de 50 % de celle des porcs, 38 % de celle des volailles et 48 % de celle des œufs. L'importance de l'élevage ne doit pas occulter celle de la production végétale spécialisée (73 %, en 2000, en ce qui concerne le chou-fleur et l'artichaut). Avec 51 % de la production nationale, la Bretagne est aussi la première région française pour la pêche qui traverse cependant une profonde crise structurelle depuis une vingtaine d'années (plus du quart de la flotte de pêche du pays et 9 000 emplois directs dans la pêche, l'aquaculture et le mareyage). L'agriculture et la pêche ont permis le développement d'une puissante industrie agroalimentaire qui place la région au deuxième rang national pour la valeur ajoutée et représente un tiers des emplois industriels bretons (soit 6,4 % du total de l'emploi), sans parler, en amont et en aval, de nombreux emplois également liés au domaine agricole (vétérinaires, distribution des aliments, collecte du lait…). Malgré les crises des trente dernières années, l'industrie bretonne s'est imposée à l'échelle mondiale dans le secteur des télécommunications et de l'électronique. Son dynamisme économique repose aussi sur le tourisme puisqu'elle est la deuxième région touristique française avec 13,9 millions de nuitées durant la saison 2006 (dont 30 % de touristes étrangers). Littorale à près de 85 %, cette activité présente toutefois un risque sérieux de dégra-

dation du milieu. Il convient donc de promouvoir l'ensemble de la région en rappelant que celle-ci est la première de France en valeur relative (la deuxième en valeur absolue après l'Ile-de-France) pour le nombre de ses sites et monuments.

Au milieu de l'Arc Atlantique, située sur la façade avancée de l'Europe et ouverte sur les océans, la Bretagne bénéficie d'un nom et d'une identité internationalement reconnus. Concilier l'intégration de la région dans une Europe élargie tout en s'attachant à préserver l'originalité qui fait sa force, n'est-ce pas précisément l'un des enjeux de ce début du XXIe siècle où la mondialisation de l'économie est à l'ordre du jour ?

Ci-dessus
et ci-dessous à gauche :
Avec quatre-vingts unités et trois cents marins, La Turballe (Loire-Atlantique) est le premier port français de la côte atlantique pour la sardine et l'anchois (8 000 tonnes par an).

Ci-contre :
La recherche bretonne, en pointe dans le secteur agro-alimentaire : réalisation d'un essai d'ultrafiltration dans la plate-forme lait de l'unité mixte de recherche INRA/Agrocampus Ouest Science et Technologie du lait et de l'œuf.
Photo INRA Rennes.

Chronologie

- 700-650 000 : premières traces de présence humaine.
- 465 000 : premier feu domestique au Menez Dregan (Plouhinec – Finistère).
- 110 000 : station de chasseurs au Mont-Dol (Ille-et-Vilaine).
- 5000 : début de la culture des céréales.
- 4700 : cairn de Barnenez.
- 4200-2200 : fabrication en série de haches en pierre polie à Plusulien (Côtes-d'Armor).
- 1800 : Ouessant (Mez notariou) sur les voies maritimes de l'âge du bronze.
- 700 : haches à douilles en bronze.
- 500 : civilisation celtique. Naissance de la Gaule.
- 56 : victoire de César sur les Vénètes. L'Armorique soumise à Rome.
45 apr. J.-C. : conquête de la [Grande] Bretagne par l'Empire romain.
270-280 : premières incursions barbares contre les côtes armoricaines.
IVe siècle : début de l'immigration bretonne.
Ve siècle : établissement officiel du christianisme.
Vers 600 : le nom de Bretagne s'attache à l'ouest de la péninsule armoricaine.
753-840 : interventions des Carolingiens en Bretagne.
831 : Nominoë, « chargé de mission » (*missus*) de l'empereur Louis le Pieux en Bretagne.
851 : traité d'Angers entre Erispoë et Charles le Chauve : la Bretagne prend sa configuration historique.
857-874 : règne de Salomon. Apogée du royaume breton.
913-936 : la Bretagne est aux mains des Normands.
937-952 : Alain Barbetorte établit le duché de Bretagne.
XIe siècle : développement de la société féodale.
1050-1150 : fondation de la plupart des villes bretonnes.
1066 : de nombreux nobles bretons participent à la conquête de l'Angleterre par Guillaume de Normandie.
1213 : Philippe Auguste marie l'héritière du duché à Pierre de Dreux,un prince capétien.
1341-1364 : guerre de Succession de Bretagne.
1488 : bataille de Saint-Aubin-du-Cormier. Traité du Verger.
1491 : mariage entre la duchesse Anne et le roi Charles VIII.
1532 : édit d'union de la Bretagne à la France.
1554 : création du Parlement de Bretagne par Henri III.
1598 : édit de Nantes, promulgué par Henri IV.
1675 : révoltes du « Papier timbré » et des « Bonnets rouges ».
Vers 1680 : Saint-Malo, premier port français.
1720 : incendie de Rennes.
1764-1774 : affaire La Chalotais.
XVIIIe siècle : apogée du commerce nantais.
27 janvier 1789 : émeute à Rennes.
1790 : création des cinq départements bretons.
25 juin 1795 : victoire de Hoche sur les émigrés débarqués à Quiberon.
1820 : à Nantes, invention de la conserve de sardines à l'huile.
Après 1850 : mise en valeur des landes.
1865 : ligne de chemin de fer Paris-Brest.
1886 : Gauguin fait école à Pont-Aven (29).
1910 : élection d'un député socialiste à Brest.
1925 : grève des « penn sardin » à Douarnenez (29).
1936 : les premiers « congés payés » découvrent le littoral breton.
18-22 juin 1940 : début de l'occupation allemande. Les hommes de l'île de Sein rallient la France Libre.
25 octobre 1941 : exécution de cinquante otages à Nantes.
Juin 1944-mai 1945 : la Résistance contribue largement à la libération de la Bretagne.
1950 : fondation du *Comité d'étude et de liaison des intérêts bretons* (CELIB).
1962 : les premières images télévisées d'outre-Atlantique parviennent par satellite à Pleumeur-Bodou (22).
1978 : naufrage de l'*Amoco Cadiz* devant Portsall.
1986 : élection des conseillers régionaux au suffrage universel.
1989 : le TGV arrive à Rennes.
2006 : 3 080 648 habitants recensés dans la Région Bretagne.

Orientation bibliographique

Les douze volumes de *L'histoire de la Bretagne* parue aux Editions Ouest-France Université sous la direction d'André Chédeville constituent la somme de la recherche universitaire sur le sujet.
Quelques titres, parmi une abondante production récente :
Cassard J.-C., Croix A., Le Quéau J.-R., Veillard J.-Y. (dir.), *Dictionnaire d'histoire de Bretagne*, Morlaix, Skol Vreizh éd., 2008.
Cornette J., *Histoire de la Bretagne et des Bretons*, Paris, Seuil, Points-Histoire, 2 vol., 2008.
Croix A., Chédeville A., *Histoire de la Bretagne*, 2e édition revue et corrigée, coll. « Que sais-je ? » n° 147, Paris, PUF, 1998.
Giot P.-R., Guigon Ph., Merdrignac B., *Les Premiers Bretons d'Armorique*, Rennes, PUR, 2003.
Le Page D., Nassiet M., *L'Union de la Bretagne à la France*, Morlaix, Skol Vreizh éd., 2003.
Ollivro J., *Bretagne. 150 ans d'évolution démographique,* Rennes, PUR, 2005.

Remerciements

L'auteur tient à exprimer ses remerciements pour leur aide à ses collègues et amis André Chédeville, Yann Lagadec, Luc Laporte, Nicolas Mathieu, Jean-Laurent Monnier, Jean Ollivro, Josick Peuziat, Louisa Plouchart, Georges Provost, Josette Rivalain, Jacqueline Sainclivier. Bien entendu, en fin de compte et selon la formule consacrée, la teneur du présent ouvrage n'engage que lui.

Table des matières

Éditeur
Henri Bancaud

Coordination éditoriale
Caroline Brou

Collaboration éditoriale
Marie-Amélie Le Roy, Marion Dahyot

Conception graphique
Alexandre Chaize

Mise en page
Studio Graphique
des Éditions Ouest-France

Cartographie
Patrick Mérienne, Afdec.

Photogravure :
graph&ti, Cesson-Sévigné (35)

Impression :
Gibert Clarey Imprimeurs, Chambray-lès-tours (37)

Édilarge SA, Rennes
ISBN 978-2-7373-4496-1
Dépôt légal : février 2009
N° d'éditeur : 5679.03.1,5.01.12
Imprimé en France

www.editionsouestfrance.fr